JN115024

Who Cares?

How to Reshape a Democratic Politics

ケアするのは誰か？

新しい民主主義のかたちへ

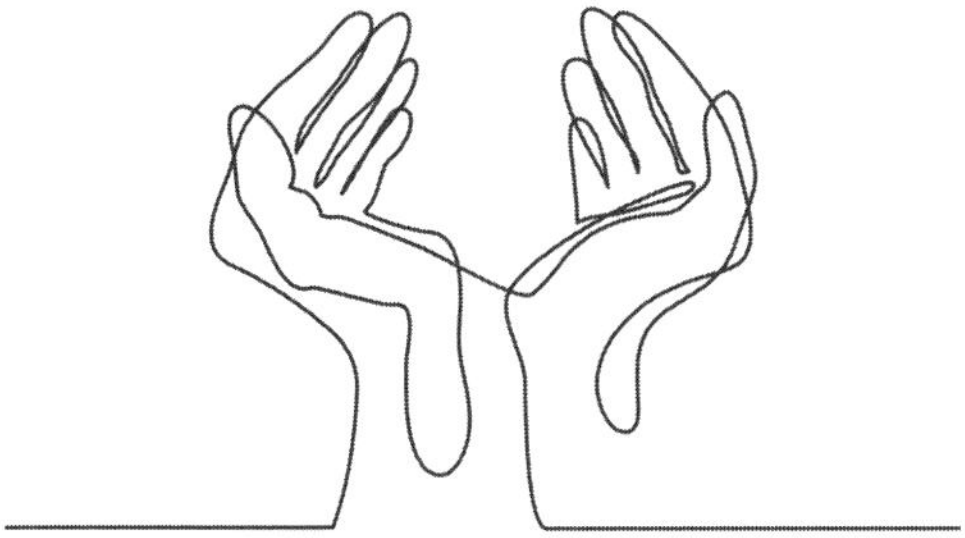

ジョアン・C・トロント［著］

Joan C. TRONTO

岡野八代［訳・著］

Yayo OKANO

白澤社

Who Cares? How to Reshape a Democratic Politics,
by Joan C. Tronto
With an Essay and Afterword by Okano Yayo, translator.

* * *

Who Cares? How to Reshape a Democratic Politics, by Joan C. Tronto,
originally published by Cornell University Press
Copyright © 2015 by Cornell University
This edition is a translation authorized by the original publisher,
via Japan UNI Agency, Tokyo.

訳者まえがき

本書は、合衆国のフェミニスト政治思想研究者であるジョアン・トロントの講演録で、二〇一五年に出版された『ケアするのは誰か？——いかに民主主義を再編するか』を訳出して第1章とし、現在の日本における政治状況にも通じる民主主義の危機、そして、多くの場合女性の役割だとされるケア労働をめぐって、政治学に何ができるのかを考察するために編まれた。

『ケアするのは誰か？』は、ジョアン・トロントが、その謝辞において触れているように、二〇一三年にニューヨーク大学出版会より出版された『ケアする民主主義——市場・平等・正義』に代表される彼女の研究、そして国際的、学際的にケアの倫理研究を先導するネットワーキングに努めてきた彼女の活躍が認められ、二〇一五年にブラウン民主主義賞を受賞した際の記念講演の内容をまとめ、小さな書籍として出版されたものである。なお、本書の原題は、*Who Cares?* であり、文字通りに訳せば、〈自分のしったことか！〉という反語表現である。詳細は第2章に譲るが、このタイトル自体が、トロントが四〇年以上にわたる研究者生活を通じて、ケアをめぐる政治的意味をなぜ探求してきたかを表現している。

1　ジョアン・トロント――民主主義の危機とその再生に向けた努力

ジョアン・トロントは、一九五二年生まれの政治学者で、リベラル・アーツ大学の名門校のひとつ、オハイオ州のオーバリン大学に一九七〇年に入学した。オーバリン大学は、最も早くから男女共学教育を始め（一八三七年）、合衆国で最初に人種による差別を行なわない入学政策をとった（一八三五年）ことでも有名である。そこでヴェトナム戦争の終結時を過ごしたトロントは、世界に変革をもたらすためには何が必要かを学ぼうと、政治学と歴史学を専攻する。女子学生にも開かれた校風のなかで学部時代を過ごし、優秀な成績を修めた彼女は、連邦政府から奨学金を得て、プリンストン大学大学院へと進学する。

彼女は、女性のために力を惜しまないフェミニストとなろうと決意した瞬間を、いまでもはっきりと覚えているという(1)。それは、彼女がプリンストンで学び始めた当初、ある学部生が大学新聞に、子育てにしか関心がない女性と結婚したいと考える旨を語った記事を目にした時だった。その後、フェミニズムについて思索し、同時に女性運動にも深く関われば関わるほど、彼女は、ケアをめぐる根深いジェンダー化と従属化がいかに社会正義に反しているかに気づき、この不正を解決することなしに、フェミニズムが掲げる理想を実現することはできないと確信するにいたる。

一九八一年に政治学博士号を取得したトロントは、以来、政治思想、ジェンダー・セクシュアリティ論、そして、政治学的により広い分野へのケアの倫理の応用を唱えた研究者として、第一線で活躍してきた。

ニューヨーク市立大学助教授として女性と政治をめぐる問題を教え始めると同時に、トロントは、八〇年代フェミニズム理論において最も論争を呼んだ論点のひとつである〈差異か、平等か〉をめぐる論文を発表し始める。ケアの倫理との出会い、とりわけキャロル・ギリガンの『もうひとつの声』（一九八二年）と出会ったことは、彼女にとっては〈差異か、平等か〉といった、女性と政治（参加）を考えるさいに直面する大きな理論的な問いを、さらに深めることになった。

2 ブラウン民主主義賞とは

講演録である『ケアするのは誰か？』が出版される契機となったブラウン民主主義賞は、ペンシルヴァニア大学マッカートニー民主主義研究所によって二〇一三年に創設された。二〇一四年には、地方自治体における予算配分に市民が参加することによって、より民主主義を身近に感じることができるよう、さまざまな市で、予算決定に市民が参加できるしくみを導入してきた、「参加型予算決定プロジェクト Participatory Budgeting Project」の共同創始者であり事務局長のジョシュ・ラーナーが最初の受賞者であった。[2] また、トロントが受賞した次の年、二〇一六年には、間接民主主義において民意を反映するために最も重要なシステムである選挙制度をより良く改善することを目標に、手続きの公平さや、政党の動き、選挙戦を闘う候補者をメディアがどう扱ったか、政党や政治そのものへの信頼感、市民の選挙をめぐる態度を分析し、民主主義と人権をさらに発展させようとする学術的なプロジェクト、「完全な選挙プロジェクト Electoral Integrity Project」が受賞している。

もう一例を挙げると、二〇一九年には、アイルランドで市民の熟議が民主主義を活性化させると訴え、積極的に市民が関心をもつ政治的イシューをとりあげ、具体的には国民投票を通じて中絶の合法化と同性愛者の婚姻の平等を獲得することに成功した「アイルランド市民会議プロジェクト Irish Citizens Assembly Project」が本賞を授与された。

こうした授賞歴に象徴されるように、ブラウン民主主義賞は、合衆国内に限らず、世界的に民主主義を独創的な方法で活性化させようとしてきた、団体および個人に贈られてきた。過去の受賞者、団体をみると、世界各地で民主主義を活性化、あるいは再生しようと、知力、独創性、創意工夫、そして市民との対話を生かしながら、いかに多くの努力がなされているかがよく分かる。

トロントへの授賞のさいに、マッカートニー民主主義研究所所長のジョン・ガスティルは、次のように授賞理由を語っている。

> トロント教授の仕事は、民主的な社会においてわたしたちが互いに果たすべき義務とは何かを再考させてくれます。民主主義に関する近代的な論じ方では、個人の自由を当然のことながら強調してきましたが、他方で、責任が見過ごされがちです。トロント教授はまた、互いにケアしあうことは、負担というよりむしろ、意味ある行為であり、わたしたちが国境や世代を超えていかにそれぞれ、相互依存関係にあるかを思い至らせてくれます。[3]

ガスティルが語っているように、現在の民主主義の制度の下でわたしたちは、誰にも侵しえない、一人ひとりがもって生まれた権利（自然権）を、いかにできるだけ自由に行使しうるか、自らの潜在能力——あくまでひとの能力は潜在的なものであり、どのように開花するかは予め決まっていないし、社会的環境によって、すべてではないが多くが決まる——を、自由な選択のなかでいかに育むべきかを論じてきた。〈わたしの権利〉から始まる民主主義の語りは、人類の歴史において、ひとつの政治共同体のなかで暮らさざるを得ない人間たちの闘争の歴史が生み出したものである。すなわち、少数の権力者たちによる多数者の支配に抵抗・闘争するなかで獲得されてきたものであり、わたしの権利から始まる語りは、多様性を尊重しながら、時代状況に応じて何度でも語り直されるべき語りである。

とはいえ、それでは、わたしたち近代民主主義の下で生きる市民は、〈わたしの権利〉の行使、あるいは、〈わたしの能力〉の最大限の開花だけに没頭していてよいのだろうか。すでに触れたように、わたしの潜在能力の発揮は、社会的環境によって左右されるのであれば、〈わたし〉を育むその環境に対して、なんらかのコミットメントが必要なのではないだろうか。そもそも、〈わたし〉という語り始め方には、民主主義を理解するうえで、どこか歪んだものがないだろうか。

こうした問いは、現在の日本社会を考えると、権利には義務が伴う、あるいは、〈国民は国家のおかげで生活し得ているのだから、国家のために義務を負うべきだ〉といった、ナショナリスティックな議論のようにも聞こえてくる。つまり、〈わたしの権利〉を政治において最も尊重するべき価値としてみることをやめ、国家の制限の下に、国家の許容できる権利のみを認めようとする、国家優先主義を誘発しかねない。しかも、「責任」という言葉はいまや、自分が生きる上でかかる費用は自分で支払うべきだという自己責任論や、さらにはひとの価値を〈生産性〉によって、つまりいかに現在の社会に貢献するかどうかで測るような、非常に危険な国家主義とも連動している。

だが、トロントの提唱するケアする民主主義は、責任を中心とした議論でありながら、自己責任と国家への奉仕がまったく矛盾なく語られる現在の日本社会に流布する責任論を批判するものである。むしろ、ケアする民主主義は、グローバルな市場第一主義が席巻する現在の国際社会のなかで、生きていくことで精いっぱいで、自分が社会のなかでどのような位置を占め、いかなる責任を負っているのかさえ考える暇もない状態に、抵抗し、変革を求めるための原理である。それは、一人ひとりの価値を損なうどころかむしろ、個人の価値を尊重するために互いに果たしあう責任という、新しい責任論であり、かつ新しい民主主義論なのだ。

わたしたちはどこから民主主義を考え始めるべきか、そして、どのようなテーマでひとと語り合うことが、民主的な政治の変革につながっていくのか。トロントの『ケアするのか誰か?』は、そうした問いに応えようとしている。

3　ケアから問い始める政治学に向けて

本書全体にもかかわるので、ケアの倫理について、ここではまずごく簡単に紹介しておこう。ケアの倫理とは、フェミニズム理論においては、心理学者キャロル・ギリガンが一九八二年に公刊した『もうひとつの声』を嚆矢とする。(4)のちに詳しく論じるように、女性は、男性と異なる人間像や、社会観、そして社会や他者に対する責任観をもっているのか否かをめぐる議論から始まり、現在では、トロントが『ケアするのは誰か？』で訴えるように、なぜ、ケアにかかわる活動は社会的評価が低く、社会的に不利な立場にある者がもっぱら担わされているのかを問う、フェミニズム内における問題関心のひとつのあり方である。

ケアの倫理は現在、ケアという営みが社会のなかでどのように実践されているのかを注視することを通じて、ひととひと、ひとと社会の関係性、そして社会活動の多くの仕組みを決定する政治のあり方を分析し、あるべき姿を模索している。ケアはわたしたちの身近な活動であり、しかも、ケアを受けてない者はいないと断言できるほど人間存在にとって重要な活動であるにもかかわらず、なぜその活動とそれを担う者たちが、長い歴史のなかで軽視、あるいは無視され、価値を貶められてきたのだろうか。いま、こうした問いは、倫理学に限らず、政治学や法学、社会学といった幅広い分野で問い返され、それぞれの学問体系を見直すような知的な営為として、国際的な関心を呼んでいる。

ケアとは何かについて、多くの研究者に影響を与えたトロント自身の定義は本書のなかで詳しく紹介されるので、ここでは、ダニエル・エングスターによる定義を紹介することにする。

ケアすることとは、わたしたちが直接的に諸個人を助けるためになすあらゆることと定義されよう。それは、彼女／かれらの命に関わる生物学的ニーズを満たすこと、彼女たちの基本的な潜在能力を発展させたり、維持したりするために、そして、不必要で、あるいは望ましくない痛みや苦しみを避けたり、緩和したりするためである。それによって、彼女たちは、注視・応答・敬意に満たされながら、社会のなかで生き延び、成長し、働くことができるようになる［Engster 2007: 28-9］。

トロントは、人間関係に限定してケアを捉えるエングスターよりもさらに広いケアの定義をしているが、まずここでは、ひとが人間社会でひととして生きるために必要な、他者からの応答全般を想像しておけばよいであろう。ただ、エングスターの定義の後段に明らかなように、現在のわたしたちが、とりわけ、健常者で、生存するために直接必要な自分自身へのケア以外の活動――職業、学業、あるいはまさに他者に対するケア活動――に携わっている者である場合、ケアをめぐるある困難が浮上する。それは、ケアを、ケアすることCaringと能動態でのみ捉えると、わたしたちは例外なくそうしたケアを受け取ってきた者でもあるにもかかわらず、多くの場合、どのようにケアされてきたのかを、すっかり忘れ去っているということ、また、そうであるからこそ、そのケアを受け取るひとたちを他者化してしまいがちであるという困難である[5]。したがって、ケアとは何かを注視することは、あたかも、社会のなかで誰にも迷惑をかけずに自立的に存在しているような感覚についても自省することを迫るだろう。もし、わたしたちが、自分の選択、あるいは努力によって、現在の地位や、現在の健康を維持しているように思い込めるとしたら、そうした生きる力をどこから、いったい誰に与えてもらったのだろうか。そして、そうした自問のなかで思い浮かべるひとたちは、いったい誰で、どのような社会状況のなかでケア活動を担ってきたのだろうか、と。

　ケアの倫理と政治学との結節点とは、なによりも自身の過去と現在をつなぐ、こうした自省のなかに見いだすことができる。わたしたちは、知らず知らずのうちに、他者によって育まれ、その他者は社会の状況のなかでときに翻弄され、苦悩しながらも生きてきた。そうした社会性が、否応なくわたしたちの存在、そして身体に刻まれていることが、ケアという営みに注視することによって明らかになってくるからである。倫理学がひととひとのあるべき関係性を問う学問であり、政治学が、ひとと社会の関係性を分析し、社会のあるべき姿を模索する学問であるとするならば、ケアの倫理は、相互依存する人びとのあいだ inter と一人ひとりのなかに intra、社会性を見いだし、その社会性の在り方に、政治権力の働く場を感知している。

　わたしたちが、「注視・応答・敬意に満たされながら、社会のなかで生き延び、成長し、働くことができるようになる」ために、どれだけの他者との関わりがあったのか。そして、わたしたちが生きている社会は、そうした他者の実践を、大きな〈政治〉といった括りのなかで不可視化していないか、あるいは、その実践の価値を真剣に評価してこなかったのではないだろうかという問いが、ケアの倫理における第一義的な政治的問いかけである。

4　本書の構成

管見のかぎりジョアン・トロントの著書、論文には邦訳がなく、じっさい、日本においては、政治学のなかでも一部の研究者にしか彼女の名前は知られていない。そこで、第2章では、ケアと民主主義を結びつけることで、現在の民主主義の危機を克服しようとする彼女の議論が、どのような思索を経て生まれてきたのかを紹介する。第2章でトロントの思想の歩みを辿ることで、第1章がより良く理解できるだけでなく、フェミニズム理論におけるケアの倫理の位置づけや、ケアの倫理研究の現在を垣間みれるように工夫した。

第3章では、第2章においてトロントがたどり着いた結論である、「フェミニスト的なケアの民主的倫理」の提言をさらに具体的に理解することを試みたい。この提言を、ケア実践を重視するフェミニズムにおける平等理解と、民主主義理解とに分節化しながら論じることで、市民の生活や生命を軽視どころか侮蔑しているかのような現在の日本における政治を、ケア実践という観点から批判的に分析する。わたしたちはいま、どのような生を送り、そしてどのような社会に生きているのかに考えを至らせることで、わたしたちの民主主義をいかにして、ケアに満ちた民主主義へ、いや、本来の民主主義の形へと変革していけるのかを明らかにしてみたい。

〈注〉

（1）トロントから岡野への私信より。

（2）マッカートニー民主主義研究所のＨＰを参照。https://democracy.psu.edu/research/brown-democracy-medal ［最終閲覧二〇二〇年八月］。

（3）https://news.psu.edu/story/366183/2015/09/02/caring-democracy'-author-selected-brown-democracy-medal ［最終閲覧二〇二〇年八月］。

（4）合衆国の発達心理学者キャロル・ギリガンの主著『もうひとつの声』は、日本でも一九八六年に翻訳が出され、とくに倫理学の領域から紹介がすすんだ。また、ケアという考え方は、介護や看護といった医療実践と深く関わるために、より良いケアのあり方、ケアの受け手と提供者との良好な関係のあり方、専門知としてのケアとその社会的役割について、社会福祉に関わる領域において近年多くの議論がなされている。こうしたケア実践に直接関わる議論とは異なり、ケアの倫理は、ギリガン自身が、自らのインタビューを通じて聞き取った男性の多くの声が、別個独立した諸個人の権利や利害関係を中心に人間関係を把握するとして、かれらの声を正義の倫理と名づけ、女性の多くが、他者への責任と関係性を中心に人間関係や道徳問題を考えるとして、彼女たちの声をケアの倫理と名づけ、両者を区別したことにも影響されながら展開してきた。政治学の分野では、ひとが個人として自覚する以前の存在の在り方、相互依存的な人間関係、社会的責任といった観点から、男性中心に語られてきた政治の捉え直しとして、ケアの倫理は論じられている。

（5）こうしたケアをめぐるパラドクスについては、個人があたかも他者に頼らず、自らの選択で自由に社会で活動しているかのように想定しているリベラリズムの政治を「忘却の政治」として批判した、［岡野 2012］を参照。

〈参考文献〉

Engster, Dainel 2007 *The Heart of Justice: Care Ethics and Political Theory* (Oxford: Oxford University Press)

Gilligan, Carol 1982 *In a Different Voice: Psychological Theory and Women's Development* (Cambridge: Harvard University Press). 岩男寿美子監訳『もうひとつの声』（川島書店、一九八六年）。

岡野八代 2012『フェミニズムの政治学——ケアの倫理をグローバル社会へ』みすず書房。

凡例

一、本書第1章は、Joan C. Tronto, *Who Cares? How to Reshape a Democratic Politics*, Cornell University Press, 2015 の翻訳である。
一、第1章の原文のイタリック体は、それぞれの性格に応じて、訳文では傍点を付すか、「 」で括った。
一、第1章の原文の（ ）は、訳文でも同じ括弧を用いた。
一、第1章の原文の大見出しには番号が振られていないが、読みやすさを考慮し、1から3までの番号をおぎなった。
一、第1章の原注は数字を（ ）で括り、訳者による注は数字を〔＊ 〕で括り、いずれも章末にまとめた。
一、本文および注の訳者による補足は、〔 〕で括った。
一、第2章は訳者によるトロントのケア思想についての解説、第3章は訳者によるケア民主主義への展開の論文を収録した。

ケアするのは誰か？——新しい民主主義のかたちへ◎目次

第2章　民主主義の再生とケアの倫理――ジョアン・トロントの歩み　――――（岡野八代）・83

第3章　ケアの倫理から、民主主義を再起動するために　――――（岡野八代）・125

Who Cares?

How to Reshape a Democratic Politics

by Joan C. Tronto

第1章 ケアするのは誰か？

——いかに、民主主義を再編するか

謝辞

わたしは本稿を、ペンシルヴァニア州立大学からいただいた、ブラウン民主主義賞受賞を機に執筆しました。ペンシルヴァニア州立大学の教養学部に設置されたマッカートニー民主主義研究所によって毎年与えられるこの賞は、ラリー・ブラウンによる一九七一年の歴史学講義と、リン・ブラウンによる一九七二年の教育学講義による寄付に始まり、合衆国と世界における民主主義の発展に寄与する考え方に光を当ててきました。二〇一五年にブラウン賞を受賞できたことを心から誇りに思いますし、本賞の基金に寄与したブラウン家と、本賞を運用されてきたペンシルヴァニア州立大学マッカートニー民主主義研究所に深く感謝いたします。また、現在の所長であるジョン・ガスティル氏、また編集者であるサラ・サイファー氏には、本稿を執筆するにあたり、貴重な助言と支援をいただきました。また、ミネソタ大学のレイモンド・ドゥヴァル氏、ノース・ウェスタン大学のメアリー・ディーツ氏からは、本賞への推薦をいただいたこと、またミネアポリス市のメディア会社であるチャンネルZのジム・スタンガー氏には、本賞への申請書を準備するさい助言をいただいたことも、お伝えしておきたいと思います。

　過去三〇年ほどわたしは、ケアが倫理的かつ政治的理念であるということを、数多くの研究者、学生、活動家、ケア実践家と語り合ってきました。また、近年育ち始めた「ケアの倫理」コミュニティから〔＊1〕わたしが学んできたすべてを、ありがたく思っています。ベレニス・フィッシャーとわたしは、ケア活動について、独自の定義を作りました。〔＊2〕その定義は、わたしのその後の著作のすべての基礎となっています。その意味で、わたしは今なお、彼女に多くを負っています。また、そうした考え方にしばしば懐疑の目を向けてくれたわたしの学生からは、貴重な助言をもらいました。そして、わたしの人生は、わたしと共に生き、ケアを分かち合ってくれた家族、友人、そして同僚なしには、これほど豊かなものにならなかったでしょう。また、『ケアする民主主義——市場・平等・正義』〔＊3〕（二〇一三）を刊行してくれた、ニューヨーク大学出版会に、感謝を述べたいと思います。

　最後になりましたが、わたしを取り囲む、多くのケア活動と民主的なエネルギーに触れることから日々、刺激を受けていることも、伝えさせてください。「黒人の命は大切 Black Lives Matter」といった黒人差別に対する反対運動から、フード・バンクへの支援まで、市民は、わたしたちの民主主義がよりケアに満ちたものになるよう求めてきました。より良くケアすることと、民主的な生活への展望を拓いていくことにわたしたちの日々の関心を向けていくには、志をもって、毎日のように努力することが要求されがちです。しかしながら、本稿によって、わたしが毎日のように目にしている、すでに存在している現在進行形のケアと、平等へのコミットメントという現実に、みなさんの注意が向けられますように。そして本稿が、民主的なケア活動を核心的価値とするものへと現在の政治を変革しようとするみなさんへの呼びかけになることを願っています。

はじめに

わたしたちは、通常、ケア[*4]の世界と政治の世界は、遠く離れた世界だと考えています。その理由のひとつとして、わたしたちは、ケアとは、同情や優しさに関わるものであり、政治とは、ひとを出し抜くようなことに関わるものであると、誤って考えていることがあげられます。たしかに、わたしたちが政治について思い描くような、隙あらばひとを陥れようとするような競争社会の、乱暴で混乱した世界ほど、ケアの足りない世界はないようにみえます。こうした考え方は、政治思想といった学問領域において、長い伝統を保っています。例えば、アリストテレスでさえ、まずひとはケアされて、その後に政治に足を踏み入れると信じていました。かれにとって、ケア活動がなされるのは、不平等の領域であり、それは、政治的行為者として権力を行使するには不向きな活動なのです[*5]。

しかしながら、ケアと政治との関係を考える別の方法もあります。ふたつの世界は、互いに深く結びついており、とりわけ民主主義においてはそうなのです。わたしたちが、この両者の相互依存関係を過小評価するならば、わたしたちの民主主義を犠牲にすることになります。そして、民主主義を継続させようとするならば、両者の関係性を再考する必要があるでしょう。

わたしたちは、ケアが危機[*6]にあるとよく耳にします。すなわち、これまでになく多くのケアを必要とするであろう、これまでにない多くの高齢者たちの、これまで以上のケア需要に応えるだけの、ケア提供者の不足に直面している、と。しかしこの危機には、「よく言われているような」単なる人口問題や労働市場の問題以上のものが、反映されています。わたしたちみなが、この危機を、日々の暮らしのなかで経験しているからです。「ああ、もっと時間があったなら、わたしの愛するひとをケアできるのに、関心がある社会問題に時間を割けるのに、友人のために駆けつけることができるのに」といった具合にです。わたしたちは、心から願ってもない任務にあまりに多くの時間を割き、他方で、わたしたちが本当に価値があると思っていることには、ほとんど時間を費やせていないのではないでしょうか。どうしてこうも、なにもかもが、逆転しているのでしょうか。逆転現象に加担しているのは、「時間をうまく作り出せない」わたしたち一人ひとりの個人的な失敗のようにも思えますが、実際はそうではありません。これこそが、政治的問題なのです。わたしは後ほどさらに、わたしたちの民主主義を苦しめているのは、目の眩むようなお金が政治にかかっていることではないし、あるいは、それだけが問題ではないし、また、選挙に意味がない、あるいは熟慮には十分ではないからでもないし、わたしたちがいかに民主的な政治を行なうのかをめぐる、その他の無数の問題でもないと論じます。いま述べておきたいのは、こうした問題が原因ではなくむしろ、わたしたちが現在「政治」と考えているものが、誤っているからなのです。市場こそを第一に考える民主主義へのわたしたちの固執は、最も根本的に考えないといけない問題、すなわちケアを歪めています。市場は、誰が、どのようなケアを受け取るのかについて、倫理的な決定ができません。にもかかわらず、わたしたちは、市場で高く見積もられる多くの事柄を、政治体から排除するように、民主主義を組織してしまっています。つまり、わたしたちが病気になった時に健康を回復してくれるものや、わたしたちが学習する時期となれば教育をしてくれるものや、子どもがいれば、子どもと時間を費やさせてくれるもの、そして、わたしたちが愛するひとたちの安全を保証してくれるもの、そうした多くのものを市場に任せてしまっています。その結果、民主主義を機能させるために不可欠な平等に、破滅的なことが生じています。こうしたことを直す作業は、ケアに対する新しい理解と、民主主義のより良い定義が必要になります。

1　ケアが理解されるとき、民主主義は再定義されなくてはならない

ケアの定義

わたしが「ケア」という言うとき、健康や子ども、高齢者に対するケアだけを意味しているのではありません。ケア・ドットコムといったウェブサイトで、ベビーシッターを見つけることだけを意味しているのでもありません。かつてわたしとベレニス・フィッシャーは、次のようにケアを定義しました。「もっとも一般的な意味において、ケアは人類的な活動 a species activity であり、わたしたちがこの世界で、できるかぎり善く生きるために、この世界を維持し、継続させ、そして修復するためになす、すべての活動を含んでいる。世界とは、わたしたちの身体、わたしたち自身、そして環境のことであり、生命を維持するための複雑な網の目へと、わたしたちが編みこもうとする、あらゆるものを含んでいる(1)」。

通常、こうした定義を聞くと、みなさんはちょっと驚かれます。つまり、あまりにも広い定義だからです。この定義からすれば、わたしたちがしていることはなんでも、ほとんどケアに関係するかのようです。しかし、それが真実なのです。ケアは、わたしたちの生活のいたるところでみられます。ですが、現在、わたしたちはこうした広い、最も一般的な意味で、ケアを考えることをしません。個々のケア実践のそれぞれは、たとえば、脳の外科手術を行なったり、中学校で教えたり、車を整備したりなど、それらすべてには、異なる、それ特有の要素があります。とはいえ、それらすべてに共通するのは、この世界の隅々に至るまできちんと動かそうとする努力であり、だからわたしたちは、洗濯をしたり、知的障がいのある成人の財政支援を計画し、子どもたちのお昼を準備したりするのです。ケアとは、必要を満たすものであり、だからこそ、常に関係的です。たとえば、自転車で転んだ子どもの擦り剥けてしまった膝は、擦り傷やばい菌をどう処置するのかといった問題だけでなく、この世界でその子が安全だと感じる条件をどう創造するのかといった問題にも関わっています。

ケアを提供し受け取る最善の方法について、みなが賛同することはありません。「わたしたちが、この世界でできるかぎり善く生きられるため」の標準は、とても柔軟です。ある特定のケア実践において要請されていることは、明白だったりもします。医者や技術者にとって、科学的な根拠に基づいたケアの基準を満たすことは、義務です。しかしより一般的なレヴェルでは、ケアの水準とは、その社会の価値にそったものです。したがって、それらは変化します。たとえば、一世代前であれば体罰とみなされたもののほとんどは、今では、子どもへの虐待と呼ばれるようになりました。

ただ、もしわたしたちが、道徳的・政治的問題には、一貫した、原理原則に則った解答が必要だと信じるのであれば、ケア活動をめぐっては、不満を覚えるような特徴があるのも確かです。ですから、良くケアすることを、道徳的関心の中心にするためには、これまでになかったような、道徳・政治理論を前提としなければならないでしょう。なぜならば、ケア実践とは、抽象的な原理や理性から始まり、何が正しく、何が間違っているかについて宣告するに至るようなものではないからです。それは、諸事の只中で始まります。ケア実践は、突然始まるものではありません。それらはすでに、現在進行中なのです。それは、民主主義と同じように、つねに異論に晒され、ごたごたした障害に阻まれ、すっきりしないものです。ある状況の、ある瞬間に、最善のケア活動を決定することは、至難の業です。そして、それは、どのようなケアが必要とされているのかを吟味し、そのニーズを満たすための、民主的なプロセスが確立されているかどうかに、かかっているのです。

それでは、良くケアするとは何を意味しているのでしょうか。

わたしたちはよく、何か果たされるべき任務への付け足しのようにケアを考えてしまいます。たとえば、就寝前の自分の患者と会話を欠かさないようにしている看護師は、たしかに良くケアをしています。しかしわたしたちは、もっと明確な形で、何が良いケア実践を構成しているのかを示すことができますし、そうしなければなりません。ケア実践のあり方にそって民主主義を再想像するための出発点として、ベレニス・フィッシャーとわたしは、ケアの四つの局面[*7]というものを考えました。それは、より十全にケア活動を分析することを助けてくれます。わたしたちは、以下の四つの部分が、互いにしっかりとかみ合わさるとき、ケアが良く行なわれると考えました。

1　関心を向けること Caring about

なによりケアは、ニーズを満たそうとすることから始まります。明白に思われるニーズもありますが、実際には、あるニーズをしっかりと見極めることは、複雑な仕事です。どんな単純な事例にみえようとも、こうした複雑さがつきまといます。たとえば、赤ちゃんが泣いています。彼女には、哺乳瓶が必要なのでしょうか。あるいは、抱っこしてほしいだけなのでしょうか。ほとんどの事例は、もっと複雑です。「線路の向こう側に住む」人びとは貧しい。[*8] なぜでしょうか。こうした疑問は、「ニーズ解釈の政治」[*9] をめぐるより複雑な思考を必要とします。[(2)] 第一に、ケアには、関心を向けることが必要です。すなわち、ケアのニーズを見極めることです。

2　配慮すること Caring for

あるニーズが存在しているとはいえ、そのことは、特定の誰かが、そのニーズに応えなければならないことを意味していません。街で、ホームレスのひとを見かけることがあっても、あたかもホームレスが存在しないかのように、あるいは「誰かが、この問題についてはなにかしなければ」と思いながら、通り過ぎてしまうことがあります。責任を引き受け、なにかがなされなければならないと認識することは、ケアの第二の局面です。

3　ケアを提供すること Caregiving

ニーズが特定され、誰かがそれに応える責任を引き受けると、次にそのニーズを満たす仕事が必要となります。ケアの第三の局面とは、ケアを提供する実際の任務です。疫学者は、いかにウィルスが拡散するかを研究しなければなりませんし、洪水は堰き止められなければならず、誰かが新しい学生に英語を教えなければならない、といったことなどです。ほとんどのケア提供には良いケア実践をめぐる問いが突きつけられます。食事券は人びとにチーズを配るよりも効果的だろうか。厳格な教員であることは学生たちの学びの助けになるか、それとも、学生を追い詰めすぎるだろうか。水道の蛇口の漏れは直すべきか。この局面では、また別の複雑さが加わります。というのも、ニーズを認識するひとは、そのニーズに対応する責任を引き受けるひとと必ずしも同じではないし、さらに、そうした責任を取るひとは、実際のケアを提供するひとと同じではないからです。たとえば、ある息子が別の市に住むかれの両親のために医者が訪問する手はずを整える責任を負っているとしましょう。かれは父親を担当する社会福祉士に電話をかけるでしょう。しかし、責任あるそれぞれのひとが、ケアに対するあまりに狭い見識に基づいて資源配分をするようなら、かれらは、ほとんどなにも配分できなくなるでしょう。頻繁に起こる問題として、病院が十分な医療を提供できないことは、よくあることです。たとえば、「医療機関から患者が離れている場合に必要となる、インターネットなどの通信を用いた」遠隔医療に必要な設備などがそうです。したがって、ケア提供者は、理想的とはいえない環境で、ケア活動をなんとかこなしていくことを学ぶことになります。

４　ケアを受け取ること Care-receiving

ケア活動という働きが為されたあとも、もうひとつの局面が残されています。いかにわたしたちは、ケアが成功したと知るのでしょうか。ケアを受け取ることは、ひとつの応答を促します。たとえば、ケアがいたるところにあるとすれば、そのいくつかは、繰り返し行なわれる活動です。夕食の後の皿洗い、冬の間に劣化した道路を、春になると整備することなどがそうです。しかし、たとえケアを受け取るひとが「ありがとう、助かりました」といわなくても――赤ちゃんや、こん睡状態にある患者は必ずしもそうした反応ができるわけではありません――、ケアは、その必要が満たされるまでは、完成しません。ニーズが満たされたかどうかを知るには、ケアの状況やそこに配分された資源を再度検討し、ケアを改善していくことが必要です。そして、しばしば、そうした再検討は新しいニーズを認識することにつながり、また、第一局面からのプロセスが繰り返されるでしょう。しかもそこに終わりはありません。わたしたちが死ぬまでニーズが途絶えることはありません。ケアはつねにそこにあり、めったに可視化されることがなくとも、つねにわたしたちに何かを要求しているのです。

みなさんが想像されるように、ケア実践には、道徳的で、価値判断を含んだコミットメントが含まれています。ケアのそれぞれの局面は、それぞれ独自の道徳的実践に結びつけることができますし、またそうした実践は、わたしたちの民主主義が「善き市民」をどのように想定しているかについての基礎にさえなっています。わたしたちは、ある事柄をすればするほど、それらを良くこなすようになるので、ケアという実践によって、ある道徳的、日常的な技法が磨かれることになります。これがまさに実践の意味するところです。たとえば、「関心をもつこと」は、わたしたちをより注意深く *attentive* してくれます。わたしたちが、未だ満たされていないニーズに目を向けなければならない時、さらに多くのニーズに気づき始めるでしょう。女性たちのシェルターで働いている人びとは、その他の場所にもいる虐待の被害者たちにも気づくようになるでしょう。というのも、そうしたワーカーたちは同種の問題により注意を払うようになるからです。次に、「配慮すること」によって、わたしたちは、より責任ある／応答可能な *responsible* 存在になります。責任を引き受けることは、どのような時に責任が果たされ、あるいは誰も責任をとらないのかということに気づく目を養ってくれます。小学校の先生が次のように問うのは、あたかも第二の本性のようになっています。「誰か、お掃除当番をかってでてくれませんか」と。なぜなら、先生たちはつねに、子どもたちの責任感について考えているからです。さらに、「ケアを提供すること」は、わたしたちをより有能に *competent* してくれます。もし、わたしたちが親の血圧をチェックすることになれば、どうしたらよいのかを知る必要があります。能力とは単に技術的な指標ではありません。多くのひとにとってそうした能力は、卓越さの指標にもなるでしょう。最後に、「ケアを受け取ること」で、わたしたちはより敏感に／応答的に *responsive* なるでしょう。わたしたちが、自分たちのケアがどれくらい効果的なのかを測ろうとするならば、何が行なわれ、どのようにケアされたひとや物事がそのケアに応え、そして次にわたしたちは何をすべきかを知る必要があります。民主的な諸制度においては、わたしたちは、ケアの受給者たちにも、もし可能であれば、彼女たち／かれらが受け取ったケアの質はどうであったのか、応えてほしいと思うでしょう。そして、彼女たち／かれらの応えのなかに、今後対応しなければならない、新しいニーズが明らかにされていることに、わたしたちは気づくことになるはずです。

このように、ケアは一連の複雑なプロセスなのです。そして、そのプロセスを通じて、わたしたちが何に注意を向け、いかに責任を考え、わたしたちが何をし、わたしたちを取り囲む世界にどれほど敏感になり、そして、人生にとって何が重要だと考えるのかが、決まっていきます。つまり、民主主義が機能しているならば、注意深く、責任ある、有能で、敏感なひとたちで満たされるでしょう。

ケアはすでに、どこにでもあります。そして、わたしたちはみな、ケアを提供する者であるだけでなく、わたしたちすべてが、誰でもケアを受け取るひとなのです。これは、若い時、年老いた時、そして弱った時には、人類全てにとっての真実なのです。しかしまた、こうしたことは、あなた方やわたし自身にとって、日常の真実です。毎日わたしたちは、できるかぎり善くこの世界で生きようと、食事し、服を着、周囲を整えています。わたしたちは、他のひとと自分自身をケアし、そして、他のひともわたしたちをケアしてくれています。食料品店に立ち寄り、夕食のためにお惣菜を買い、ゴミは収集されると分かっています。こうしたケアに満ちた活動のすべては、途絶えることなくわたしたちの周りで行なわれています。わたしたちは、絶えず今ここで起こっていることであるために、そうしたことにめったに思いをめぐらせません。しかし今ここで、わたしたちは、まさにそうしたことについて考え始めました。ですから、次にはもう少し違ったことに目を向けることにしましょう。つまり、ケアにはつねに権力が絡んでいるという点です。そしてそのことによって、ケアは、非常に政治的になります。

ケアと政治

ケアは非常に政治的だということによって、わたしたちは、小文字と大文字で始まる政治の両方を考えなければなりません。小文字の政治とは、日々の生活のなかで行なわれている政治のことです。わたしたちは、通常、多くの日常生活でのやりとりを政治的だとは考えませんが、そう考えるべきではないでしょうか。日常生活は政治的なのです。なぜなら、すべてのケア実践、すなわち、あるニーズへの一つひとつの応答には、権力関係が含まれるからです。とりわけ、わたしたちが自分自身のために、自分自身では提供できないケアについて考えてみると、ケア提供者は、比較的権力がある立場にいます。子どもたちにとって、保護や食事を与えられるのは、彼女たちのケア提供者のおかげですし、ケア提供者が、悲劇的な仕方でその権力をふるってしまうことさえあります。医者は、彼女たちの患者に対して権力をもっていますから、病院は、たとえばインフォームドコンセントなどのような指針を実施し、医者の権力から患者を守ろうとします。

さらに、ケア実践を要するあらゆるニーズには、それを満たすための無数の方法が存在するでしょう。たとえば、「助けて！」と一晩中叫ぶ老人ホームの入居者に、わたしたちはどのように応答すればよいでしょうか。ケア提供者、家族、入居者自身とその他の入居者たちが、ひとつの解決にむけて知恵を出しあうことは、政治的なプロセスに他なりません。こうしたケア実践すべてに、不平等な権力を備えたアクターたちが、ひとつの結論を出すために集まるという意味での「政治」が必要です。

あるいはまた、もう少し議論を広げてみると、わたしたちはこうした事例にも大文字の政治が働いていることに気づくでしょう。あらゆるケア活動は、より広い政治的文脈のなかで行なわれていて、そこには、ある特定の社会における価値、法、慣習、そして諸制度が反映されています。老人ホームで叫ぶ入居者の例に戻ってみましょう。なによりもまず、なぜこの高齢者は、そもそも老人ホームにいるのでしょうか。ある決定がそこではなされたはずです。入居者自身とかれの家族それぞれによって、さらには、どこでいかにして高齢者が生きるべきかに関わる、一連の価値観を通じて社会的に、そして、高齢者医療保険や国民医療保障制度、老人ホームの支払い方法を決めている諸制度を通じて、政治的に法律的に決められているのです。最も広範なレヴェルでいえば、社会全体でさまざまなケア活動を整備しているのです。

結果として、ケアをめぐるあるひとつの問題を政治的に解決しようと考えることは、必ずや特定の問題から広がって、ある帰結を伴いながら波紋のように、民主主義へと少しずつつながっていくのです。たとえば、よく知られた次のような事例を考えてみましょう。学校に通う子どもがいる親たちは、学校の時間割と職場の労働時間にズレがあることを痛感しています。在校時間は労働時間より短く、子どもたちは、夏中家にいるのです。学校に通う子どもたちにとって、下校時間から、彼女たちの親が仕事から帰ってくる間の時間が、最も危険で、子どもたちが最もトラブルに巻き込まれやすい時間です。金銭的に可能なチャイルド・ケアを手に入れにくい、貧しい親たちにとっては、この時間のズレはさらに深刻です。民主的な市民として、学校の学年暦や時間割の問題をどのように改善すべきかを、わたしたちが見つけ出すことができると想像してみてください。学校は、親たちが職場に行くより前に始まり、そして職場を出た一時間後に終わってもよいかもしれません。学校の休みは職場の休みにそったものでもよいでしょう。とはいえ、仕事に課せられる要求を考えれば、どうしたら実現できるのでしょうか。たしかに、わたしたちは、もっと時間をかけ、誰がいつ働くべきかを真剣に考えてみなければならないでしょう。労働時間は、わたしたちのライフサイクルにそって、調整可能となるべきではないでしょうか。すなわち、いま子どものいる親たちは、先ほど提案したような時間だけ働き、子どもたちが成長したら、その分長く働けばよいかもしれません。子どものいない人たちは、余計に働いた時間を貯めておいて、早めに退職するというのはどうでしょうか。わたしたちが考えられる可能性は幅広いものです。しかし、こうしたひとつの問題を解決するためには、わたしたちの社会における時間の編成に対して、根本的な変革が必要です。いったんこうしたことを考え始めれば、学校のスケジュールだけではなく、そのカリキュラムにも変更が必要になってくるでしょう。就業時間もそれに合わせて変更されなければなりません。通勤手段にも再編が必要でしょう。そして、親たちの住宅環境についても再考したくなるかもしれません。子どもたちが楽に学校に通学できることが、生活設計の最終目標だとしたら、無計画にどんどん広がる郊外に住むことに、どんな意味があるのでしょうか。こうした問題は、どれほど地域レヴェルでの決定にまかされ、整備されるべきでしょうか。あるいは、州の問題でしょうか、それとも国家レヴェルで議論されるべき問題でしょうか。

わたしたちは、ケアを自然なものと感じているのかもしれません。しかし、わたしたちが、この世界で「できるだけ善く」生きようとどれほど望むのかに、ケアが左右されることを思い起こせば、ケアはもはや、本能的なプロセスのようには思えなくなるでしょう。もっと注意深くみてみれば、そこには困難な、大文字の政治が、再びみえてきます。子育てもまた、例外ではありません。赤ちゃんの名前はいかにして、誰によって付けられるべきなのでしょうか。小さいうちに耳にピアスの穴をあけておくべきなのでしょうか、幼い男児は、割礼をうけるべきなのでしょうか。[*10]ケアという諸実践には、誰が何をするのかについての決定が必要です。そして、そうした実践を通じて、ケア活動は単に大文字の政治（制度的なレヴェルで生じること）であるだけでなく、日常生活のなかで行なわれる決定のなかで生じる、小文字の政治でもあると明らかになります。

一部の人びとを奴隷、もしくは低階層の集団として特定し、彼女たち／かれらに汚れた仕事を押しつけている社会があります。ケアは世帯内で行なわれるもので、公的な生活における関心事ではないと宣言している社会もあります。社会がケア実践をどのように編成するのかについては、無数の方法があります。しかしながら、ケアする諸実践に関する慣習、伝統、法、そして規則なしには、いかなる社会も存在できません。ですからまた、すべての社会は、ケアの文化をもっていて、その文化は、社会的政治的諸制度、さらにより広い文化とその他の実践とぴったり一致しているのです。

人類史のほとんどを通じて、そしてほとんどの人間社会において、ケア実践は社会的地位の低い人びとにむすびつけられてきました。合衆国で子どもを世話する労働者は、最も低賃金で働く労働者のなかにはいります。身体ケアを含まない、「汚れた仕事」とされるケアを担う人びとは、社会において最もその価値を認められてこなかったひとたちです。(3) とはいえ、こうしたことは、またしてもわたしたちには自然に思えるかもしれません。『ダウントン・アビー』に登場する貴族たちは、[*11] わたしたちが当時の、あのような場所に住む富裕層について想像するように、多くの使用人を従えています。権力者であることとは、自分をケアしてくれる誰か他のひとがいるということを意味しています。ケアは、患者の命を助けたり、学生が「目を見開く」覚醒の瞬間に立ち会ったり、愛するひとから感謝の愛撫を受け取ったりするといった、幸せなときばかりに満ちたものではありません。ケアはまた、骨折り仕事、すなわち、困難で、葛藤を引き起こすような仕事でもあるのです。ケア活動という観点からみれば、権力者であるとは、ケアをめぐる嫌な部分を他者に押し付け、自分にとって価値があると考えるケアの義務だけを引き受けられることを意味します。

もし市民が、誰かに自分のケアをさせることで、自分の価値を誇示しようとするならば、そして、自らの権力を骨折り仕事を避けるために使うならば、あらゆるひとは平等であるという理念を、原則としてであれ実現しようとしてきた社会において、ケアはどんな形で担われることになるのでしょうか。あらゆる社会は、ケアをなんらかの形で編成しなければならないとするならば、ケアをもっと民主的に担う方法があるのではないでしょうか。

歴史的にみれば、民主主義は、一部の人びとを政治的生活に立ち入らせないことで、ケア提供の義務をそのひとたちに割り当てることを選んできました。高度に参加的な民主主義として賞賛されがちな、古代ギリシャ・アテネの民主主義は、平等だとみなされる人びとだけに政治的役割を限定してきました。すなわち、市民に生まれた男性に、です。女性、奴隷、子ども、そして外国人居住者たち（かつて外国から、その家族がアテネにやってきた労働者たち）は、市民から排除されていました。その理由のひとつは、彼女たちは「家内労働の義務」を担っていたからです。(4)〔*12〕近代民主主義は、より包摂的になるよう苦心するなかで、「十全な市民権からわたしたちが排除する者たちに、ケア労働をしてもらうようにしよう」という、分かりやすい対処法を今一度考え直さないといけなくなりました。(5)〔*13〕ケアはこれほど遍在しており、また平等をめぐるわたしたちの関心はつねに社会的価値の中心にあるので、民主主義は、ケアをどのように編成するかといった観点から考えられるのが最善だといえます。そうした見方によって、わたしたちは、民主主義を再定義し、ケアがいかに整備されなければならないかが理解できるようになるのです。

そしてここで、わたしの問題提起の核心には、ひとつのパラドクスがあることに気づかれるでしょう。すなわち、民主主義は人びとが平等であることを要請するものの、ケアは、そのほとんどが、不平等なものだからです。これほど不平等なものを、平等ななにかへと転換することについて、どのように考えることができるでしょうか。

ケアを共にすること

ケアに関するいかなる活動も、不平等を免れません。しかし、世代を通じ、また、あるひとの生涯を通じて、わたしたちは、こうした不平等を平等にしていくための、民主主義的な目標を掲げることができるでしょう。高齢者医療保険であるメディケアの受給者たちは、税金泥棒のお荷物などと呼ばれてはなりません。彼女たち／かれらがかつて、ケアを担ってきたその貢献を認めたものがメディケアであり社会保障なのですから、彼女たち／かれらは「シニア市民」と呼ばれるのです。わたしたちの人生全体を通じ、とりわけ多くのニーズがある時もあれば、ケアを提供する余裕のある時期があります。ケア役割をこうして均衡させることは、社会的なレヴェルでなら可能なのです。わたしたちは、それを、［先ほど述べた、ケアを巡る四つ局面に加えて］ケアの第五の局面、すなわちケアを共にすることと呼んでよいかもしれません。その前の四つの局面では、市民を、注意深く、責任があり、有能で、敏感なひとと想定していました。「ケアを共にすること」は、これらの原則に生涯を通じてコミットし、そこから利益を受け取る市民からなる政体全体を想定することになります。この「ケアを共にすること」は、わたしたちの新しい民主主義の理念です。

　ケアを平等にするのに必要なことは、個々のケア活動を完全なものにすることではありません。そうではなく、必要なこととは、時間を通じて、わたしたち自身が、仲間である市民たちから受け取ったケアにお返しをし、かつ、わたしたちが他の市民たちに与えたケアを、彼女たち／かれらもまたお返ししてくれるであろうということを、信じられることです。ケアのこうした現在進行形のパターンのなかで、わたしたちは道徳的な徳が深まっていくことを期待することができます。わたしたちは、互いに、そして社会や政治制度を信頼するようになるでしょう。そして、他の市民たちとの連帯を感じ、彼女たち／かれらを、自分自身がケアを提供し、かつケアを受け取るなかでのパートナーとみなすようになるでしょう。人生をありのまま受け取れば、わたしたちは、すべてにおいて最終的に、「五分五分」になると期待すべきではありません。しかしながら、民主主義的な市民としてのわたしたちの目標は、あまりに大きな不均衡は修正されると請け負うことです。わたしたちの政治的プロセスのなかでは、誰でも不平を露わにできることが保障されるべきです。もしある人びとが、ケア実践のなかの「汚い仕事」を未だにしすぎているのであれば、そうした彼女たちの声は聞き取られなければなりません。つまり、わたしたちが平等化しなければならないものは、ケア提供という行為そのものではなく、ケアに対する責任であり、そしてその前提条件として、いかにしてその責任が「社会のなかで」配分されるべきかについての議論なのです。こうして、わたしたちは、新たな民主主義の定義を手にすることになります。民主主義は、ケア責任の配分に関わるものであり、あらゆるひとが、できるかぎり完全に、こうしたケアの配分に参加できることを保障する(6)[*14]。

　しかし、ここで反論も考えられるでしょう。そんなことは、もうすでに行なわれているではないか、と。アメリカ合衆国は、進歩的な国家ではなかったのか、と。「共にケアする」民主主義の目標は、「すべてのひとは、平等に創られた」と言うさいに、あらゆるひとがつねに、あらゆる点で平等である、と言おうとしているのだと想定するものではありません。この問題は、わたしたちはすでに十分平等なのだと想定することによって、ほとんどの民主主義理論においては解決されてきました。しかし、わたしたちが不特定の市民を思い浮かべるとき、わたしたちが念頭におきがちな誤った市民像があります。それは、十分な合理性を備え、自分たちの生活に関する決定をするさいに、理性のみを働かせ行動するといった市民像です。

こうした市民像は、しかしながら、人間のある特定の部分を捉え、民主的な包摂を限定してしまっています。たとえば、人びとが脆弱で、必要に駆られ、あるいは感情的な衝動に応じている時、どういうわけか、彼女たち／かれらは、「市民」の定義に入るものとしてわたしたちが想定する者たち以外へと零れ落ちてしまいます。おそらく、わたしたちが目指すべきは、完璧な成人である時にのみ、わたしたち自身を市民だと考えるだけでなく、わたしたちは、その人生を通じて市民なのだと認識することでしょう。もしわたしたちが、一般的な市民像を、本当にあらゆる市民を包摂できるように広げるならば、わたしたちは、自分自身や他者に対する考え方をも拡げることになるでしょう。わたしたちは、人びとを、まったくわたしたちに似ているひととして（あるいは、わたしたちと同じように振舞うべきだと）、それでなければ、そのひとたちは、どこか心底から「他者」なのだと仮定しがちです。しかし、新しいケアの構想は、あらゆる人びと――若者、高齢者、衰弱したひと、そしてその他のひとたち――を、現行のケア活動からなるシステムのなかの一部なのだと認識するようになるでしょう。そのシステムのなかでは、わたしたちは、ケア提供とケア受容のいずれかの極点に位置している時もあれば、その中間にいるときもあるのです。平等は、民主的な市民の出発点ではありません。平等は、すべての市民が市民としての「アイデンティティ」を通じて達成するものではなく、生涯のなかで、みなで共に行なう活動を通じて達成されるものなのです。民主的な市民性が真に包摂的であるためには、わたしたちは、ケア活動によって共に平等へと進めるのだと認識しなければなりません。[*15]

市民としてわたしたちは、いかにケア活動が編成されるべきか、といった一般的な条件について決定する必要があります。すべてのひとがケアワークのすべてに従事する必要はありませんし、ケア活動のすべての詳細が政府によって組織化される必要もありません。しかしながら、ケアに関する責任を一般的にいかに配分するかは政治的な問題であり、政治を通じてわたしたちが応えるべき問題なのです。

さらには、排除とは、一部のひとが不均等なケア責任で手一杯になっているさいに生じがちなのですから、あらゆるひとがケア配分の決定過程に参加できることは重要です。そうでなければ、歴史的に排除されている人びとは、そうした義務に縛りつけられたままとなるでしょう。それでは、今日の合衆国で、ケア——そして、民主主義——の現状を映し出すことによって、このことが何を意味するのかについて、さらに一緒に考えてみましょう。

2 ケア株式会社

自由市場は、みんなのため？

通常、わたしたちが民主主義のことを考えるとき、わたしたち自身が管理者を選ぶ一連の制度的な編成のことを思い起こします。そして、わたしたちが、民主的にその管理者をなぜ選ぶのか（すなわち、管理者たちが何を達成しようとするべきなのか）、その理由について考えるならば、彼女たち／かれらは、市民のために自由と平等を最大化しようとすべきだから、と単純に答えるでしょう。しかしながら、民主的政治はだんだんと経済を管理するためのもののようになってきており、基本的な問いを再び突きつけています。民主主義は、いったい何のためにあるのだろう、と。

今日の合衆国で最もよくみられる解答は、経済を管理することの目的は市場を最も自由な体制にしておくことを可能にするためだ、というものです。この解答は、自由市場が自由で民主的な市民を生むということを前提としています。ケアの観点からすると、こうした考え方には深刻な欠陥があります。［すでにわたしが話したように］国民的政策としての大文字の政治と、日々の生活からなる小文字の政治は、根っこのところでつながっています。諸制度は、わたしたちが誰であり、自身のことをいかなる市民だと考えるのかを形作ります。もしわたしたちが、自分自身や他者のために望んだように、平等に、そして自由にケアできる市民であるための諸条件を創造することを願うのであれば、わたしたちは、市場を第一に考えるこうした志向性を再考する必要があります。

合衆国の歴史上ほとんどにおいて、ケアは世帯内で行なわれてきました。産業化と都市化が進むにつれて、さらに多くの労働とケアは、世帯から切り離されるようになります。世帯を中心に、あるいは教会などの地域の諸機関を中心に編成されてきた特定の務め（たとえば、誕生、死、教育、そして衣類や避難所を提供することに関わる務め）は、家の外で行なわれるようになり、職業化されました。こうしたケアのいくつかのもの――公教育を担い、警察署を設置し、誕生、死、婚姻などの正確な統計を取り続けることなど――は、政府の責任となりました。そして、ケア・サーヴィスのなかには、世帯ではなく、市場で行なわれるようになったものもあります。

ケア活動の現在のモデルは、世帯、市場、政府の三つに依存しています。世帯が小さくなると、より多くのケアが、市場で職業化されるようになりました。既製服から袋詰めにされた小麦、あるいは咳止めシロップや子守りまで、ケアを受け取れるかは、お金をもっているかどうかに左右されています。賃金を稼ぐのは、お金を得て商品を購入するためであり、その商品に手を加え、世帯にいる人たちの努力を通じて、世帯内ケアに転換されます[7]。二〇世紀初期には、改革派の人びとは、「家族賃金」――一人の労働者の賃金で世帯全体が養えるよう設定された最低賃金――を論じていました[8]。家族賃金法のような制度を通じて、政府は間接的に、世帯内で家族自身にとって必要なケア労働ができることを保障したのです。また、政府は、ケアの直接給付、たとえば一九三〇年代の社会保障制度、六〇年代における高齢者医療制度であるメディケア、そして、二〇〇〇年代に入ると導入された「患者保護及び購入可能な医療の提供に関する法律」[*16]などを整備しました。しかしながら今日、ひとつには現在のイデオロギーによって、市場は政府よりも良いと考えられているために、ほとんどのケアが市場を通じて編成されるようになっています。

市場第一民主主義

わたしたちの民主主義が、より包摂的になろうとすればするほど、古い価値観は、さらなる平等を求める態度によって置き換えられてきました。その結果、時間をかけて、ケアもまた変化してきました。いまだにジェンダーによって、社会のなかで誰が職業的なケア労働を引き受けがちであるかが予め決められ、また人種や社会経済的な背景によって、ケアのなかでも汚れた仕事に誰が従事し続ける可能性が高いのかも、いまだに決められています。(9) こうしたことは、女性たちや有色の人びとが、ケアに関わる職業に特別に向いているのだともはや信じられなくなってもなお、続いています。

しかし、このことを別の角度からみると、より多くの問題が存在しています。わたしたちは、主に市場を第一に考える民主主義という観点から、ケアについて考えるという悪循環に陥っているからです。市場第一のケアは、しばしば新自由主義と呼ばれる経済秩序のなかで行なわれます。ここでの「自由主義」は、たとえば合衆国における民主党といった左派のことを指すのではなく、資本主義における自由市場と政治的自由との、あるいは一般的には民主主義との歴史的な結びつきを意味しています。古典的な説明では、政府が市場に介入すると人びとの自由が減ってしまうと考えられてきました。新自由主義モデルでは、こうした関心はさらに進化し、市民が自分自身をケアするようになるためには、政府はどのような役割を果たすべきか、そして、ますますグローバル化する市場の性質まで考慮するようになりました。したがって、新自由主義者は、貿易の規制に反対し、公立学校などの国が担ってきた諸機関への支出を抑えることに賛成します。さらに新自由主義者たちは一歩踏み込み、人びとがこうした新しい経済秩序に適応するためにいかに行動すべきかについて語ります。[10]新自由主義は、ただ単に大文字の政治に影響を与えるだけでなく、広範な文化的レヴェルの小文字の政治にも影響を与えるのです。

こうした変化を、合衆国ではレーガン革命と呼ぶひともいます。「政府は解決を与えない」とレーガン大統領はいいました。「むしろ、政府こそが問題だ」と。これは、党派性を帯びた皮肉であるどころか、この見解は何世代にもわたって、わたしたちの政治文化を支配してきました。ビル・クリントン大統領以降の大統領は、この呪文を繰り返しています。「大きな政府の時代は終わった」と。

こうした議論は再構成されて、次なる一歩はこんなふうに続きます。市場が財とサーヴィスを配分するのに最も効率的な方法である、なぜなら、市場は地球大に広がり、世界は「水平」になったから、と。[11]地球大の競争は、わたしたちの態度を変えることを要請します。わたしたちは、自分を甘やかしてはいけません、新しい現実にしっかりと向かわなければならないのです。ビジネスは、より柔軟になるためには、労働規制から自由にならなければなりません。あらゆるものは、利潤を最大化するために計算される必要があります。学校での「説明責任」は、わたしたちが学校を互いに比較することができるような、測定可能で信頼に足る結果をだすことを意味します。競争によって、人びとは一息つく暇もありません。したがって、自分は仕事を失うかもしれないという不安に駆られるならば、さらに懸命に働かなければなりません。この市場システムのことを、かつてのイギリス首相マーガレット・サッチャーは次のように言いました。「この道しかない」と。

しかしながら、当然、政治経済を編成するその他の方法はあります。たとえば、仕事の創出という問題を考えてみましょう。もっと多くの仕事を生みだすために、政治家たちは、A町に工場を立てるという条件で、その地場産業に対して税制優遇措置を約束します。ところが、B町も手を挙げて、より長い税制優遇措置を提案します。B町が競争に勝ち、仕事を手にしますが、一方で将来の税収入を失います。しかしながら、かつては、仕事創出の主な方法は、単純に、税を上げて、政府が人びとを雇用していたのです。かつてジョン・メイナード・ケインズが論じたように[*17]、賃金が地域社会での「乗数効果」により、結果として強い経済を生むのです。これは、二〇世紀半ばに好まれた経済的な解決策でした。ところが、なによりも驚くべきことは、わたしたちはこんなにも即座に、サッチャーは正しい、市場を駆動するシステム以外の道はないと信じたことです。

こうした経済政策については、批判も擁護もありうるでしょう。わたしは、そのような議論のすべてを明らかにしようとしているのではありません。わたしが言いたいのはただ、市場第一民主主義のもつケア活動への影響は明らかだということです。市場第一民主主義は、大きな不平等を生み、「共にケアする」という意識を失わせていくのです。

市場第一市民

新自由主義的な経済は、小文字の政治レヴェルでの政治変化をも引き起こしています。第一に、アメリカ人たちは、自分たちの時間のより多くを仕事に割いています。いまや中産階級の家族は、なんとか生きていくために、二人分のしっかりした賃金を得なければならなくなってきました。「家族賃金」は、まれになりました。結果として、両親ともに、さらに懸命に働いています。これまでとは違う形で、彼女たちは子どもたちとの時間を過ごしています。あらゆる触れ合いから「質の高い時間」を搾り出そうとします。「思い出づくりに」と、休日にはお金を使わなければなりません。他方で子どもたちは、日々の暮らしから生きる術を学ばなくなってきていて[12]、むしろ、商品を消費することを学んでいるという者もいます。両親たちは、「一緒に過ごす時間が短いので」うしろめたさを感じ、そこで、より多くを子どもたちに買い与え、そして子どもたちはますます、「買い物をするために生まれた」かのようになります[13]。つまるところ、市場の別の側面とは、人びとが数え切れない商品を永遠に買い続ける必要があるということなのです。

富の分布がピラミッド型に近づけば近づくほど「勝者総取り」という経済の論理がより強固に根づくようになります[14]。そんな環境において、善い親になるには、他の子どもたちよりも自分の子どもがより有利になるよう保障してあげなければなりません。その前提は次のようなものでしょう。最良の学校とは、その機会を最も良く活かせる子どもたちのものであり、つまり、そうでない子どもたちを受け入れることは、その機会を「無駄にする」だろう、と。親業は、競争的になっていきます。こうした状況のなかで、自分の子以外の子どもたちにとって悪いとされる学校をより良くするために、もっとお金を費やそうとする、どんな動機が働くでしょうか。ある意味では、豊かな家族は、他の子どもたちが通う学校がより劣悪であることで、利益を得ているといえるでしょう。この、「学校までをも含むようになった」広範囲に広がる市場において、ケアは、「自分自身と自分の家族のケア」だけを意味するようになります。

こうしことすべてが馴染み深く聞こえるのでしたら、自己責任についてもそうでしょう。わたしたちの市場第一民主主義は、ケアを個人の問題として枠づけてしまいます。たとえば、ジョージ・W・ブッシュ大統領が二〇〇一年の最初の一般教書演説のなかで指摘したように、「アメリカの素晴らしさは、自己責任が価値をもち、また期待される場所であることです。責任を鼓舞することは、スケープゴート（犠牲に供される羊）を探すことではありません。それは、良心への訴えです。責任は、たしかに犠牲を伴いますが、それはまた、より深い充実感をもたらしてくれます。わたしたちは、満たされた生を、たんに選択肢のなかに見いだすだけでなく、コミットメントにも見いだすのです。そして、子どもたちや共同体こそが、わたしたちを自由にしてくれるコミットメントそのものだと知っています[15]」。

これは、大変興味深い一文です。責任の議論が、「子ども」と「共同体」へとブッシュの演説が短絡していくことで、かれにとって、近代国家におけるケアの問題を解決するのが、自己責任であることがはっきりします。もし、あなたが自分の子どもたちと共同体をケアすることができないのであれば、問題は、あなたが正しく犠牲を払っていないことにあります。先ほどの一節における、「責任を鼓舞することは、スケープゴートを探すことではありません」という最初の一文は、まさにスケープゴートを求めているように聞こえます。ブッシュは、次のように述べているかのようです。貧しい人びと、他者から十分に配慮されない人びとは、彼女たち／かれらの周りにいるひとたちが、自分たちの子どもや共同体に対して十分に責任を果たしていないからこそ、困窮しているのだ、と。

しかしながら同時に、大統領は市場第一のケアの論理とは相矛盾するようなことも述べています。かれは、ケア活動を、人生に意味を与えてくれるものとしても称揚しているからです。「わたしたちは、満たされた生を、たんに選択肢のなかに見いだすだけでなく、コミットメントにも見いだすのです。そして、子どもたちや共同体こそが、わたしたちを自由にしてくれるコミットメントそのものだと知っています」、と。一方で、「満たされた生」は、選択の行使だけでなく、子育てや共同体への配慮といったコミットメントからも、もたらされます。

ブッシュは、自由について異なる考え方を提起しようとしています。それは、いまわたしが擁護しようとしている自由観に近い考え方です。わたしたちの人生を生きるに値するものにしてくれるのは、選択を行使する能力だけではありません。良くケアするという、わたしたちの希望を満たす能力も必要です。しかし、自由のこのような考えは、まだ抽象的すぎます。なぜなら、わたしたちは、他のひとたちの「個人責任」を、自分たちの現在の生を支配している水準で理解できると想定しているからなのです。しかしながら、あらゆるひとが同じような立場にあるわけではありませんし、自分たちにとっての選択肢を作り出すために、同じだけの資源をもっているわけでもないのです。

学校に通う二人の子どもを想像してみましょう。一人の子には、大学を出て専門職に就き相当の収入を得ている両親がいます。家でその子には、本も、勉強する場所も、ハイスピードのインターネット付きのパソコンも与えられています。彼女は、彼女の級友たちに比べて、何百万ともいえるより多くの言葉を耳にしてきました[16]。もう一人の生徒は、最低賃金で二つの仕事を掛け持ちしているシングル・マザーと暮らしています。この母親は、先生に会いに学校に行くために仕事を休むならば、一日の給与を失うことになるでしょう。いずれの生徒が、教師からより多くの関心を得るでしょうか。たとえ、この二人の子どもが同じ学校の同じクラスにいたとしても、わたしたちは、彼女たちが「平等な機会」を得ているということができるでしょうか。

現在の政策がしばしば示すように、「子どもたち」や「共同体」にとって、自己責任以外の文脈は与えられていません。あたかも、自己責任を自ら進んで負うことの積み重ねによって、子どもたちや共同体がうまくやれるかどうかが決まるかのようなのです。

とはいえ、わたしは、彼女たちの自己責任を無視するべきだと言おうとしているのではありません。しかし、自己責任が責任の唯一の形のように捉えられることは、反民主主義的な、深刻な影響を及ぼしうると考えているのです。自らの共同体のケアを引き受けることは、よく整えられた、ゲイティッド・コミュニティと[＊18]、落ちぶれてしまった都市近郊とでは意味が違ってきます。市場の見地からは、すべては平等に、誰にでも開かれていることになっています。しかしながら、わたしたちが、あらゆるひとのスタート地点と最終地点は同じだという仮定で物事をみるとき、より広い文脈で、より多くを配慮しながら考えることを放棄するよう自分に強いているのです。

市場第一民主主義は、時間をかけて、市民のあいだに、反民主主義的で、社会的な配慮のない序列を作り出してきました。ケア活動にとって最も重要な資源とは、時間です。しかしなんということでしょう、時間はすべてのひとにとって平等に手に入るものではなくなりました。専門職の労働者は長時間働いていますが、最低賃金ぎりぎりで、いくつもの仕事を掛け持ちすることでなんとかやりくりしているひとも同様です。低賃金の仕事は、福利厚生も整っておらず、有給休暇も少なく、自分のための休暇をとることは、もっと難しいでしょう。専門職の労働者も時間に追われているかもしれませんが、かれは、必要なケアを満たすために他の誰かを雇う、より多くの資源をもっています。

ある意味で市場は、専門職に就いている市民のために設計されています。おそらく、賃労働の六分の一は、いまやケアに費やされています[17]。人生の指南役、犬の散歩、病院での介助士、料理人、教師、結婚プランナー、自動車整備、そしてソムリエまで、あらゆることがケア実践に関わっており、市場でこうしたケアは売られています。そして、より多くの経済的資源をもつひとたちは、こうしたケア（そして、より良いケア）をより多く買うことができるのです。たとえば、家庭教師のいる生徒は、いない生徒よりも、共通試験で良い点数をあげることができるでしょう。経済的な上級階層に属する、たとえばハイテク会社では、被雇用者に夕食の持ち帰りや、クリーニングサービス、バイク修理や、職場でのジムも提供し始めました[18]。こうした経験は、たとえばそのオフィスの管理人たちとどれほど違っているでしょうか。破産があちこちで起こっている時代に、ケアの不平等は、あるひとたちに他のひとたちに比べ多くの利点をもたらします。時間もお金も不平等になればなるほど、ケアに使える資源とケア自体も、ますます不平等になっていきます。

そして、市場第一の市民には、さらに困惑させられる側面があります。原則、不平等は望ましいものではありません。しかし、一部の者が自分たちに関わるケアの大半を買うことができ、その他の人びとは、たいていの自分自身のケアを担っているとしましょう。すると、わたしたちは、その政体のなかに、致命的な分断を目にするようになるでしょう。一八八八年の著作『顧みれば』のなかで、エドワード・ベラミーは、そうした不平等な社会を描写し、いかにそうした社会の市民が、互いを認識するかについて光を当てました。ベラミーは、その社会を巨大な車に喩えており、そこでは、豊かな者たちは、比較的優雅な席に座る一方、貧しい者たちは、その車を引っ張っているのです。

もうひとつの事実はもっと奇妙なもので、車の上に座っている者たちが大体において抱いていた不思議な妄想なのだ。すなわち、自分たちは正確には綱をひいている兄弟姉妹と同類なのではなく、質が一段上等であって、何となく一段上の序列に属する人間なのだから、ひいてもらって当然なのだ、というのであった。[…] この妄想について、最も奇妙なことは、地面から車によじのぼったばかりの人間が、手についた綱の痕跡もまだ消えないうちに、この妄想の影響を受けはじめるということだった。自分の親やそのまた親たちが自分よりまえに幸運にも車上の座席を保有していた人びととの場合には、自分と同類の人間と並みの人間とのあいだに本質的な差異があるという信念には絶対的なものがあった。そのような幻想が、人間大衆の苦悩に対する共感を薄めて、冷たい哲学的な憐憫に変えてしまう効果をもつことは明らかである。(19)

他の市民たちと出会うとき、市場第一の民主主義における豊かな人びとは、このような他の人びとは骨折り仕事に向いているんだと想定しています。「そうしたことは、かれらにさせよう」、「もし、かれらがそうした仕事を好まないのであれば、状況を改善するために、かれらに自己責任を果たさせよう」と考えているようなのです。

こうした軽蔑的な態度は、民主主義を掘り崩していきます。その帰結として、わたしたちは、もはや「こうした人びと」を民主的な生に寄与する同等の権利をもつ平等な者とみなさず、召使いのように考え始めるのです。もし、一部の市民が、他の市民を、根本的に無能、あるいは、利用してもよい人びととみなすようになれば、いかにして民主主義は生き残ることができるのでしょうか。

わたしたちは、こうした悪循環に囚われたままでいる必要はありません。わたしたちは、何を優先すべきかについて、わたしたちの価値観を変えることができます。市場第一の民主主義が誕生し、異なる時代に合衆国で共有されていた大切なものが失われてしまいました。わたしたちは、人びとに、かれら・彼女たちの価値観を再考するよう求めることができますし、民主的なケアを育てるような諸制度へのもっと多くの支援をみなで出しあって、民主主義をもっとケアに満ちたものにしようと呼びかけることができます。レーガン革命ではなく、ケアに向かう革命を求める時なのです。今から、どのようにしてその革命を起すのかをお話しましょう。

3　共にケアするための革命を起こす

ちょうど、レーガン革命が民主的な生活と民主的な市民の本質における変化を求めたように、ケアに向かう革命は、同じようないくつかの変革を求めます。ケアに満ちた民主主義における市民であろうとすれば、ケアをめぐる言説だけ、あるいは、わたしたちの日々のケアに対する関心だけでなく、よりケアに満ちたものとなるよう政治的、社会的諸制度もまた変革する必要があるでしょう。

ケアに関心を向けることによって、責任を再考する

先ほど示したように、民主的なケア活動とは、ひとつには、いかにケアに関する義務が配分されるかについて、あらゆる者が平等な発言権をもつことを意味しています。これは言うほど簡単ではありません。わたしたちはすっかり、自分たちのことを労働者であり、消費者だと理解することに慣れてしまいました。日々の経済活動によって、わたしたちのエネルギーの大半が消耗してしまいます。わたしたちはまた、常にケアをしているのですが、通常、そうしたケアを中心的な関心事だとは考えていません。

したがって、ケアに満ちた民主主義に向かうための、わたしたちの最初の変革とは、ケアに関心を向け始めることです。わたしたちは、自分たちがケア活動に費やす時間をどのように評価するかにつ

いて、これまでの考え方を改めなければなりません。すなわち、なによりも、ケアのための時間とは、価値ある活動をするために費やしている時間だということに気づかなければなりません。こうした方向にわたしたちが変化していくと、本来負担すべきケア活動を行なってこなかった者たちは、自分たちの現状を維持するためのいくつもの防衛策を取ろうとするでしょう。

次のように考えてみましょう。すべてのひとがテーブルを囲んで、あらゆるひとがケア活動に対してどのような責任を担うべきかを議論するのです。最初は、生涯を通じて平均化するよう、ケア活動に対する等しい責任をどうにかして分配する、という結論を出す議論となるかもしれません。あるいは、実際にありそうですが、本当にはケアをしていないにもかかわらず、一部のひとが、すでに自分たちは果たすべきケア活動をしているのだという口実を、陰に陽に作り出すための、声高な多くの議論を聞く事になるかもしれません。いくつかの理由から、そうしたひとたちは、自分たちはその社会的地位において特権的であり、したがって、ケア活動に対する責任を免れるべきだと信じています。スパイダーマンの叔父のベンが、「大いなる力には、大いなる責任が伴う」とスパイダーマンにいったことは有名です。しかし、これはあくまで、映画のなかでスーパー・ヒーローに叔父が語ったことにすぎないのです。現実の生活では、大きな権力には、特権的な無責任がついてくるのです。

では、ケア活動に対する責任を免除する、いくつかの「免罪符」について検討してみましょう。そうすることで、わたしたちは予めそうした議論に備えることができますし、もっと民主的なケアをする方法について示唆を得ることができるでしょう。そして、わたしたち自身もまた、そうした免罪符を利用していることに気づき、広範なケア活動に対する責任を果たしてないことへの口実を、自分自身に与えるのをやめてみましょう。

「わたしはケア活動にまったく向いていない」

ケア活動を免れる方法のひとつは、わたしにはその能力がないと主張することです。わたしたちはかつて、次のような議論をずっと耳にしてきました。「女性たちは自然において、ケアに優れている」。「ケアにむいているひとがいるだけなんだ。だけど、わたしは、そうでない」。じっさい、現在もなお、わたしたちがケアをどのように行なうかを決めているのは、ケアは主に家族で行なわれるものであるという前提であり、また家族のなかでは、女性が「自然において」、男性よりも優れたケア提供者だという前提です。ここでは、以前に比べて、徐々に多くの男性がケア労働を行なっている、とりわけ高齢の近親者に対してはそうなってきた、ということは気にしないでおきましょう。というのも、ケアをしている男性たちもいまだ、女性のほうがその仕事に向いていると信じているからです[20]。

「ケアを引き受けないための」こうした反論に対する答えは、はっきりしています。女性と家内の使用人が、ケア提供に「自然と適した」者のようにみえるのは、それらが、彼女たち・かれらが果たすべきと期待されてきた役割だからです。しかしながら、ケアは実践を要する、これが真実なのです。ケア活動に現在、向いていないというひとたちは、ケアをもっとすることによって、ケアをより良くこなせるようになれます。もしわたしたちが、ケアに満ちた民主主義に生きることを望むなら、わたしたちの一人ひとりが、ケアをより良くするようにならなければなりません。そしてそうなる最善の方法は、もっとケアをすることです。すなわち、他の人びとのニーズをもっと注視し、もっと進んで責任を認識してその責任を負い、わたしたちが今引き受けている素晴らしいケアに、自分は適していると自信をもち、そのケアを提供されているひとたちが、どれほど良く受け取っているかに応じて、進んでわたしたちのケア活動を調節しようとしなければなりません。

「わたしは仕事で忙しい」

ケアには時間がかかりますし、仕事に忙しいことはよくあることなので、そのひとの経済的な貢献は、ケアに時間を割くことで支障をきたしてはならないほど大切だという主張は、妥当なように聞こえます。同様に、一九世紀半ばまで、徴兵される男性は、兵役を逃れるために自分の代わりを送ることができました[21]。しかし、こうした解決法の問題は、ケア実践を劣った義務であるかのように刻印してしまうことです。

「共にケアする」という代案は、あらゆるひとに、より少なく働くこと、つまり、日々のケア実践にある一定の時間を割くように要請します[22]。もちろん、こうした変革が実際に効果を発揮するためには、わたしたちが自分の時間や、働く場所、そして自分の労働に対していかに対価を受け取るかについての考え方に革命を迫るでしょう。いまは多くの労働者は、毎日二四時間自分の仕事に義務を感じていて、家からEメールに返事をしたり、深夜に世界の反対側で行なわれているプロジェクトの状況をチェックしたりして、一日を終えるのです。［このような状況のなかだからこそ］誰もこんなふうに完全に、仕事をケアの必要より上に位置づけるべきでないと、社会全体でわたしたちが決めることは、より一層、とても意味のある事となっているのです。

「わたしは、自分の家族の世話をしている」

いかにこうした態度から、不平等なケアの悪循環に陥ってしまうかは、すでにお話しました。たしかに、自分自身の家庭の世界を守るために、多くのことが語られてきましたが、親業をあたかも競争のように煽るケアの文化は、結局のところ、さほどケアが行き届いたものとはなりません。「共にケアする」民主主義においては、わたしたちは、他の誰かよりも、あらゆる利益をちょっとでも手にしようと、こんなに必死にならなくてよいでしょう。欲深く、かつ防衛的でいることは、わたしたちを消耗させます。もう少しゆっくりできれば、わたしたちは、自分の家族内でのケアの義務をおろそかにすることなく、他者についても関心を払うことができると気づくことになるでしょう。

「自分自身のことは自分でする、これでわたしはやってきた——だから、あなたもそうにちがいない」

こうした議論の問題は、それが本当ではないことが、しばしばあるからです。自分の力で億万長者になったひとの話は、あちこちで聞きますが、ほとんどのアメリカ人は、自分たちの両親と同様の経済的地位で人生を終えます。そして、わたしたちがそう思いたがっていることに反して、合衆国は、ヨーロッパ諸国に比べて、より階層移動が少ない国です[23]。

自力をめぐる議論をあまりに推し進めすぎると、他の危険もあります。たしかに、多くの成功者たちは、運ではなく、自分たちの懸命な努力でいまの地位を得ました。しかしながら、どの程度わたしたちは、人びとにリスクをものともしないようになって欲しいのでしょうか。確かに、リスクをとることには利点もありますが、とはいえ、もしわたしたちが、イチかバチかが、抜きんでる唯一の方法という、慣習上の知恵を永遠に信じるとすれば、人びとは、二〇〇〇年代後半に起こった住宅バブル〔*19〕へと至ったような行動に走るようになるでしょう。

自力のことはさておいても、わたしたちが欲しいのは富なのでしょうか。ケア活動を担っているひとの多くはすでに気づいているように、お金ではなく、ケア活動こそが、人生に意味を与えてくれます。わたしたちの現在の生活のように、厳格な経済秩序のなかで自分の地位につねに汲々としている状況のために、わたしたちは、良くケアをすることができなくなっています。わたしたちは、富を、ケアに代わるもののように考えています。しかし、わたしたちは、自分たちの政治的な諸制度を、今とは違ったケア文化を支援するように修正することができるのだと考えてみましょう。わたしたち自身、そしてわたしたちが愛するひとが、必要に迫られているときに、ケアされることを安心して期待できるようなケア文化に生きることが可能だと想像してみましょう。ケアする責任の再配分について考えることは、ひとつの出発点にすぎません。しかしながら、ケア活動について考えることから出発し、大文字の政治、さらにケアという日々の政治を実際に変革することへと進んでいかなければならないのです。

ケア第一の市民

ケアの責任の意味と配分について省察した後、その次にわたしたちに必要なことは、民主的な方法でケアに携わることです。実践に次ぐ実践、そしてまた実践。わたしたちは、諸制度とわたしたち自身を共に変革する必要がありますが、まずは、わたしたち自身の生活を変えることから始めるのがよいでしょう。

身近な家から始めましょう。もっとケアが行き届いた方法で日々の生活を送るためには、どのような変化が必要でしょうか。もちろん、あらゆる変化を自分自身だけで作り出すことはできないかもしれません。現在実際にわたしたちが行なっているケア活動の数々を、いかにして変えるかという想像を働かせるなら、他者と「共にケアする」ということにも思いいたるでしょう。あなたの家庭内では、どのようにケアは分担されていますか。それは、公正ですか。正しく行なわれていますか。もっと良くケアするために、何かが障害になっていませんか。

次に、家に近い諸制度について考えてみましょう。たとえば、あなたの職場は、どれほどケアが行き届いていますか。あなたの通う学校は、どうですか。教会や、所属するクラブはどうでしょう。どうしたら、そうした場がもっとケアに満ちたものになるのでしょう。わたしたちは、ある程度まで、わたしたちに近い諸制度のなかから変革することができますが、その後、わたしたちのより良いケア活動を妨げているのは、より広範な社会的、政治的制度であることに気づくようになるでしょう。

そうした変革を実現しようとすると、わたしたちが推進しなければならない数多くの要点が浮かび上がるでしょう。第一に、民主的なケアには、多元主義が必要です。人びとは、自分たちが望むようにケアし、ケアされることができなければなりません。ケアの世界がいかに広範であるかを思い起こしましょう。わたしたちの人生を通じて、多くのタイプのケアが存在しているのです。

第二に、民主的なケアには、ただ、わたしたちが何を欲しているのかを考えるだけでなく、ものの考え方・見方そのものを転換させる必要があります。わたしたちはまた、ケアを受け取るひとの立場から、ケアを見始めなければなりません。というのも、ケアを受け取るひとたちは、どんなケアを必要としているのか、あるいは受けたいかについて、異なる考えをもっているだろうからです。高齢者は、介護つきホームに送られるべきか、あるいは、高齢者が家で過ごせるように、家族がなんらかの手当を受け取るべきなのか。前者を好むひともいるでしょうし、後者がいいと考えるひともいるでしょう。「共にケアする」民主主義では、すべてのひとの個々の選好が大切にされるよう、諸制度や実践を組み立てるという目標を掲げることができます。

第三に、わたしたちは、ケア活動に対する異なるニーズの多様性と遍在性に気づく必要があります。あるひとは、他のひとよりも高い「ニーズをもっている」ので、そのひとたちは、市民としての価値が低いという前提に陥りやすいことは確かです。しかし、満たされるべきニーズをもつことは、自然なことではありません。そこには、「ニーズ解釈の政治」[*20]があり、ある特定のニーズを、他のニーズに比べて政治的無能の印とするのです。ケア活動に対する責任を協議しようとする市民は、真のニーズとは何かにもっと注意を向ける必要がありますし、民主的な市民としての役割を維持し、高めていくために、人びとが自己に対するケアをできるだけ担えるようにしなければなりません。

第四に、わたしたちが認識する必要があるのは、ケアは複雑であり、語られてきたケアのあらゆる物語において、わたしたちは、つねに称賛されるべきケア提供者であるわけではないということです。ケアは、わたしたちが思い描くよく知った像にもかかわらず、ひとりの力あるケア提供者とひとりのか弱いケアの受け手のあいだの、一対一の関係のなかでなされてはいません。この種の対関係は、恐ろしい、一見すると不可避の支配という結果を招いてしまいます。しかしながら、日々の現実においてわたしたちは、ケアのニーズ、責任、ケア提供、そしてケアの受け取りについて、一度にさまざまな方向にむかって交渉しています。わたしたちがもっと複雑な関係性のなかで、ケア提供者とケアの受け手のことを考え始めれば、ケアは必ず上下関係を生むといった、根強い思い込みを容易に打ち消すことができるようになるでしょう。

民主的なケア実践は、より良い実践である

もしわたしたちが、ケア活動を民主的にもっと考えることができるならば、わたしたちの民主主義が、よりケアに満ちたものになるだけではありません。ケア活動がもっとうまくなされるようになるのです。民主的な立場からケア実践をモデル化すると、また別の利点も生まれます。わたしたちの上下関係を平等にすることで、チームのように一緒に働く機会もより多くなり、したがって、ケアの質

も高まります。上意下達ではなく、ケア労働を民主的に組織化することによって、正しい問題の正しい解決を生み出しやすくなります。一九九〇年代におけるニューヨーク市のアフター・スクール・プログラムに関するジュリー・ホワイトの研究は、こうした実践がうまく働いた事例を扱っていました。アフター・スクール・プログラムで何を教えるべきかを専門家が決めるとき、［親たちの］同席は、まばらでした。しかし、親たちがプログラムの内容の決定に参加すると、より多くの子どもたちの満足度が高まったのです。[24]

わたしたちが、他者と「共にケアする」ことがうまくできるようになると、信頼と連帯といった道徳的な効果も生まれます。社会関係資本[*21]の力を研究するなかで、ハーバード大学教授のロバート・パットナムとかれの同僚たちは、社会的制度やネットワークを通じてより良い情報が流れるようになるには、信頼だけが必要だと発見しました。[25] 権威にはっきりとした上下関係が存在すると、南イタリア[*22]にパットナムがみたように、社会構造のなかで上位の階層の者から恩恵を受けている下位の者は、上にいる者が聞きたいことしか伝えなくなりがちです。

嘘は、上司を喜ばせるかもしれませんが、不正確な情報によって、適切な決定ができなくなりがちです。イタリアの別の場所［北部］でみられたように、上下関係の少ない型の権威の場合、共有される見解が生まれやすく、そうした共有された見解は、良い行動へと帰結することが多いのです。社会的価値としての連帯は、人びととの間のケア活動や、民主的な諸価値に対する応答性の高まりのための条件を生みます。[26] 他の市民と共通の目的に対する意識を共有する市民たちは、他者に対するケアにより関心を示しますし、自分たち自身のケア行為によって、他の市民に関与していると感じやすいのです。さらにそうした連帯は、好循環を創造します。というのも、人びとが他者のニーズにより敏感になるので、彼女たち／かれらは、他者のニーズを良くケアするようになる可能性が高まります。

最後に、さまざまな形・レヴェルの民主主義は、より良くケアをなすでしょう。なぜなら、そのような民主主義は、わたしたちに、競合する多くの民主的な価値を効果的に調整することを要請するからです。すでに指摘しましたが、ケア活動に対する責任の現在の配分は、かつての排除パターンに従っており、一部の人びとのケアのニーズを特権化し、汚い仕事をその他の人びとに押しつけています。ある意味では、ケア活動に対する責任の配分を中心に民主主義を理解することによって、わたしたちは、最初に取り上げておいた議論、すなわち、平等と自由との軋轢に関する議論へと立ち返ることになります。この問題に、単純な答えはありません。ケア責任の配分をめぐる相対立する考えは、どのようにしたら良い結果を生むことになるでしょうか。民主的なコンセンサスは、市場の働きによって与えられる自由からあまりに遠ざかってしまうと主張する者もいるでしょう。また、ケア実践の分担すべき義務を果たしていない者がいまだにいると論じるひともいるでしょう。こうした議論は、まさに民主的な政治的論争の一部になるでしょうし、それこそが、この論考によって、わたしが活性化されることを望んでいる対話なのです。

ケアに満ちた運動？

それでは、わたしたちはそこ［ケアする民主主義］にどのようにしたら到達できるのでしょうか。政治学者のデボラ・ストーンは二〇〇〇年に、わたしたちには「ケア運動」が必要なのだと提唱しました[27]。ストーンは、ケアを受けているひと、ケア提供の専門職に就いているひと、そして家族が、共に集ったならば、いかに社会がケアを分配し、ケアに関連する諸制度をどのように組織化するかについて、実行力のある要求を行なえるはずだと言いました。

わたしが今しているのは、さらにもっと広範囲に及ぶ議論です。わたしたちは、「市場」が、いかにしてか魔法のように、あらゆるケアに対するニーズをみたしてくれると信じるのをやめるべきです。その代わり、民主的な市民は、ケアに十分に「関心を向け」、ケアを「配慮」し始める必要があります。わたしたちは、ケア活動に対する責任は、民主的なその他の価値、すなわち、平等、正義、そして自由といった価値にそう形で、再配分されるよう要求しなければなりません。

わたしたちが、ケア実践に目を配り始めれば、ケアがどこにでも存在していることに気づくでしょう。つまり、わたしたちの生について語る物語や、わたしたちが見ている映画、読んでいる本、そして、友人や家族の間での異論のなかにさえ、ケアは存在しています[*23]。そして、わたしたちは、政治家たちが取るに足らない事柄について無駄話をすることを止め、その代わりに、わたしたち自身と他者をケアする潜在能力をどのように改善するかに焦点を当てるよう要請するようになるでしょう。こうしたことは、深刻な論争がなく進められるものではありません。しかし、そうした論争こそが、民主的な政治の中心に存在すべきなのです。

いかにこうした変革を人びとが成し遂げるべきかについて、細かく定めることは、民主的な理論家として、わたしの役割ではありません。しかしながら、人びとは、自分自身の最善の利益にそって社会を組織化する能力があるということは、自信をもって言えます。わたしたちは、そうした利害関心のなかでもケアが中心を占めることを理解するでしょうし、そうした理解によって、世界をより安全に、よりケアに満ちた場所に変えることができます。

出発するための原理とは、次のことです。わたしたちはこれまで、物事を逆さまに捉えてきてしまいました。すべてのひとにとって、善く生きるための鍵は、ケアに満ちた生活を送ることです。すなわち、必要な時にひとは他者から、良くケアされ、あるいは自分自身でケアできる生活です。そしてそれは、他の人びと、動物、そして、自分の人生に特別な意味を与える制度や理念のために、ケアを提供する余裕がある生活です。真に自由な社会では、人びとは自由にケアできるようになります。真に平等な社会では、人びとに良くケアされ、ケア関係を作り上げる平等な機会が提供されます。真に正義に適った社会は、現在や過去の不正義を隠すために、市場を利用したりしません。経済的な生活の目的とは、ケアを支援することであり、その逆ではありません。生産とは、目的それ自体ではありません。それは、わたしたちができるだけ善く生きるという目的のための手段のひとつなのです。民主的な社会では、それは、すべてのひと――決して一部のひとだけではありません――が善く生きられることを意味します。

これらの単純な原理は、言うのは簡単で、どう実現するかを想像することは難しいでしょう。そして、想像するより、実現するほうが複雑でしょう。社会をひっくり返すことは、単純な仕事ではないでしょう。しかし、そうした仕事のいくつかの側面をもう少しだけ、描いておきたいと思います。

どこから始めるべきか

まずわたしたちは、政治の世界においてケアに中心的価値を置かなければなりません。わたしたちが認識すべきなのは、わたしたちのケア実践という民主的な目的なのです。そして、わたしたちの社会におけるケア活動のニーズとそれを充たす実践の多様性について考え、そうした多様性に見合う社会的諸制度を創造すべきです。

そうした変革を求める人びとは、そこで、思いもかけない協力者を見いだすでしょう、そう、市場です。市場は、新しい需要を充たす新しい商品を開発するでしょう。たとえば、高齢者のケアを組織する無数の方法が市場を活用することで提供されると、それぞれの市民は、自らに合ったケアをより容易に見いだすことになるでしょう。柔軟性は不可欠です。しかしながら、市場を活用するだけでなく、多様な可能性を提供するために市民は、既存のケアに関わる諸制度——介護施設、学校、メンタル・ヘルスに関わるケア提供者など——が、いかに良くその仕事をしているかを、詳細にみていく必要があります。わたしたちがいったん、自分たち自身のケアに関わる実践を注視し始めると、通常、より良くケアをすることができることに気づくでしょう。そしてまた、わたしたちは次のように既存の、あるいは新しい諸制度に問いかけることができます。それらがさらに良くケアする方法があるのだろうか、と。社会がそのケア活動に対する責任をどれほど良く果たしているのかを評価することは、一度ですむようなものではありません。ちょうど市民が、ニーズに敏感になるとケアにもっと熟達するように、市民が自らの決定を監視し、再評価するプロセスが何度も繰り返されるなかで、市民は、自分たちの集団としての行為や決定の帰結を考えることにもっと熟達していくだろうと期待することができるのです。

現実の市民が日々、活動を起こし、関心をもつような諸問題に政府はさらに接近してくるでしょうから、政府と市民の間のギャップは狭まるでしょう。異なる見解をもつ市民が、自分自身を表現しようと奮闘するので、誰も勝者にはならないでしょう。政治が、その基本に忠実になるので、何が問題なのかがより鮮明となり、市民はたとえ、自分たちが自分自身の利益を追求しているときでさえ、市民同士の相互依存性を評価するようになるでしょう。民主主義は、人びとがより人間らしく、よりケアに満ちた生活を送ろうとするのを支援するためのシステムなのだと再認識することが、わたしたちの不断の民主的革命における次のステップです。一緒にいま、始めましょう。

〈注〉

（1）Berenice Fisher and Joan C. Tronto, "Toward a Feminist Theory of Care," in *Circles of Care: Work and Identity in Women's Lives*, ed. Emily K. Abel and Margaret Nelson (Albany, NY: SUNY Press, 1990), 40; Joan C. Tronto, *Moral Boundaries: A Political Argument for an Ethics of Care* (New York: Routledge, 1993), 103.［『道徳の諸境界』については、第2章を参照。］

（2）Nancy Fraser and Linda Gordon, "A Genealogy of Dependency: Tracing a Keyword of the U.S. Welfare State," *Signs* 19, no.2 (1994). 仲正昌樹監訳「「依存」の系譜学——合衆国の福祉制度のキーワードをたどる」『中断された正義——「ポスト社会主義的」条件をめぐる批判的省察』（御茶の水書房、二〇〇三年）所収。［訳注＝本論文は、合衆国において「依存者」とみなされていた者が、時代を経ていかに変遷してきたかを論じている。たとえば、一九世紀には、依存者の典型的存在は、資本家の命令系統のなかで時間を拘束され、自由を剥奪された状態とみなされた労働者であった。依存する存在とみなされたからこそ、労働者は、公共に関わる判断力がないとみなされ、選挙権がないことが当然視されていた。この系譜学的分析によって、合衆国において福祉の代名詞のように非難されてきた／いるシングル・マザーたちの存在が、歴史的・政治的な言説のなかでいかに構築されてきたかが明らかにされる。］

（3）多くの有償ケア労働者たちは、とても低い賃金しか支払われておらず、公的扶助にも頼らなければならない。Paraprofessional Healthcare Institute が公表した"Paying the Price: How Poverty Wages Undermine Home Care in America" (Washington, D.C., 2015) を見よ。［訳注＝この報告書では、ベビーブーマーたちが六五歳以上になっている現在、家庭での高齢者ケアを担うひとがますます不足し、かつ、二〇一二年から二二年のあいだに、全体の職業平均に比べ五倍の速さでその職が必要となることが明らかにされている。にもかかわらず、家庭で、高齢者や障がい者のケアを担う労働者の賃金は、合衆国の多くの都市で、家賃を支払うのにも満たない低額であり、そのため、ケア提供者たちはすぐにその職を離れ、ケアの質は、経験不足もあいまって劣化している。ケア労働者たちの賃金を上げることで、貧困層の生活を豊かにするだけでなく、家庭でのケアの質を高めると同時に、合衆国全体の経済にも好循環を生むと主張されている。］

（4）Aristotle, *Politics* 1264b. 山本光雄訳『政治学』（岩波文庫、一九六一年）、八一～八二頁。［訳注＝『政治学』第二巻では、プラトン『国家』においてソクラテスが提起する、財産、子や妻の共有制が批判されている。この箇所は、ソクラテスが『国家』第五巻において、雌犬と雄犬が同じように番犬として働くことができることを示した後に、女性も男性と同じように守護者になるよう教育されれば、守護者となると論じるのに対して、「獣と比較して、婦人も男子と同じことを為さなければならないと類推するのも奇妙なことである。獣には家政というものは何もないのであるから」とアリストテレスは批判している。すなわち、かれは、女性こそが「家内労働の義務」を負うべきだと主張している（『政治学』、八二頁）。]

（5）しかし、「部分的市民権」はいまだ、市民ではない人たち、つまり、ケアを担う移民労働者の扱い方を特徴づけている。Rhacel Salazer Parreñas, *Servants of Globalization: Women, Migration, and Domestic Work* (Stanford, CA: Stanford University Press, 2001) を見よ。[訳注＝本書は、出身国に自分たちの子どもを置いて、海外で家事労働者として働くフィリピン女性たちを論じた、画期的著作である。パレーニャスの研究は、現在のグローバル経済の下での、再生産労働の国際分業や国境を越えた家族のあり方が論じられるさい、多くの研究者に影響を与え続けている。初版から一五年経った二〇一五年には第二版が出版され、フィリピン人女性たちのコミュニティの変化、成長した子どもたちが、母親と共に彼女たちの就労地で共に暮らし始めたこと、男性家事労働者の有意な増加、そして家事労働者の高齢化という新たな論点が加えられた。]

（6）こうしたケアに満ちた民主主義を説明するために、さらに議論し、正当化を試みたものとしては、Joan C. Tronto, *Caring Democracy: Markets, Equality and Justice* (New York: NYU Press, 2013).

（7）Amy Bridges, "The Other Side of the Paycheck," in *Capitalist Patriarchy and the Case for Socialist Feminism*, ed. Zillah Eisenstein (New York: Monthly Review Press, 1979). [訳注＝合衆国では、日本と同様に、第二波フェミニズム運動とその後の学生運動を通じて、マルクス主義とフェミニズム理論との知的対決が生まれる。フェミニストたちからのマルクス主義に対する異議申し立てのひとつに、再生産労働をめぐる理解があった。つまり、フェミニストたちの批判のひとつは、購入された商品は、家庭内でなんらかの手が加わらないかぎり、すなわち家庭内での誰かの労働がないかぎり消費に結びつかず、マルクス主義者たちが論じるのとは違って、再生産に必要な財を、市場で賃金と交換される商品の代金だけで計算することはできないという点であった。」

（8）家族賃金は、不十分な賃金の問題を解決するには、議論の余地のある解決法だった。家族賃金をめぐる論争を詳細に論じたものとしては、Nancy Fraser, "After the Family Wage: A Postindustrial Thought Experiment," in *Justice Interruptus: Critical Reflections on the "Postsocialist" Condition* (New York: Routledge, 1997).「家族賃金の後に——脱工業化の思考実験」前掲『中断された正義』所収。［訳注＝福祉国家の危機とかつてのジェンダー秩序の崩壊のなかで、家族賃金はいかに批判され、「ジェンダーの公平」を前提に新たな福祉国家をどのようなものとして構想すべきかを考察した論文。フレイザーによれば、福祉国家の危機に直面したフェミニストにとって、考えうる選択肢は、あらゆる成人が雇用に就く総稼ぎ手モデルか、出産・育児・家事など無償のケア労働に従事する者たちに国家から手当を支給することで、ケア提供者を対等に扱うモデルである。社会主義フェミニストを始めとして、多くのフェミニストは後者を支持するであろうが、女性たちをケア提供者に留め、女性たちを社会的に周縁化してしまう恐れがあるため、女性にとって解放を約束するものではない。そこで、フレイザーは、むしろ男性に変化を求め、ケア労働の提供者となるよう促す、総ケア提供者モデルを、前記ふたつのモデルに対する代替案として提示する。「それは、ジェンダーの脱構築を示唆している。更に、一家の稼ぎを得ることとケア提供との対立を脱構築することにより、総ケア提供者モデルは、それと関連づけられた、官僚化された公的制度という設定と親密で私的な家庭という設定のあいだの対立も同時に脱構築することになるだろう」(ibid., 93頁)。］

（9）Mignon Duffy, *Making Care Count: A Century of Gender, Race, and Paid Care Work* (New Brunswick, NJ: Rutgers University Press, 2011).

（10）「人間が、もっぱらホモ・エコノミクスとして形作られるだけでなく、人間生活のあらゆる局面が、市場の合理性という条件のなかで考えられる。［その結果］あらゆる人間の、そして制度上の活動が、合理的な企業活動としてみなされる。その活動は、希少性、需要と供給、そして道徳的価値中立性という、マクロ経済の理解にそって考えられる、功利性、利益、あるいは満足の計算のうえで行なわれることになっている。新自由主義は単に、社会、文化、政治的生活のすべての側面が、そうした計算に還元できると考えているだけでなく、むしろ、こうした見方を促進するための制度的な実践と見返りを発展させる」。Wendy Brown, *Edgework: Critical Essays on Knowledge and Politics* (Princeton, NJ: Princeton University Press, 2005), 40.

(11) Thomas L. Friedman, *The World is Flat: A Brief History of the Globalized World in the Twenty-First Century* (New York: Allen Lane, 2005).

(12)「もし、大人たちが子どもたちに責任を果たさなければ、子どもたちが責任あるひとになるのに、さらに時間がかかる、というのは本当だろう。たしかに、わたしたちが決して家で教えられなかったことがいくつもある。学校のおかげで、わたしが飲んでいる一杯のコーヒーができるまで、どのくらいの手間がかかっているのかを教えられた。だけど、わたしが実際に知らなければならなかったのは、小切手帳の収支を合わせること、できたばかりの傷をどう処置するのか、どうやって税金を払うかということだった」。Nick Gionet, "Young Writers: Maybe We're Spoiled, but Don't Criticize until We've Grown UP," *Star-Tribune*, May 28, 2015.

(13) Juliet Schor, ed. *Do Americans Shop Too Much?* (Boston: Beacon, 2000); Juliet B. Schor, *The Overspent American* (New York: Harper Collins, 1998); Juliet B. Shor, *Born to Buy* (New York: Scribner, 2004).

(14) Robert H. Frank, *Luxury Fever: Money and Happiness in an Era of Excess* (Princeton, NJ: Princeton University Press, 2000).

(15) George W. Bush, "First Inaugural Address" (bartleby.com, 2001).

(16) A. Fernand and A. Weisleder, 'Twenty Years after "Meaningful Difference,' It's Time to Reframe the 'Deficit' Debate about the Importance of Children's Early Language Experience," *Human Development*, 58, no.1 (2015): 1. [訳注＝本研究は、一九六〇年代合衆国の「貧困との闘い」のなかで始められた五〇年にも及ぶ研究をまとめたものである。当初は、親の子どもたちに対する言語上の接し方が子どもたちにどのような影響を与えるのかをみるものだったが、本研究のレ

ビューによれば、二一世紀における研究は、人種や文化に関わらず、社会経済的階層の地位によって、子どもたちが家庭内で獲得する言語の数に大きな違いがあり、その後の認知能力の発展に決定的な影響を与えることを明らかにした。本論文著者たち自身の研究によると、白人の下位層に属する家族に育った二四カ月の子どもたちは、同じ白人の上位層に属する家族の子どもたちより、語彙と言語能力において六カ月の遅れがみられるという。］

（17）Randy Albelda, Mignon Duffy and Nancy Folbre, "Counting on Care Work: Human Infrastructure in Massachusetts" (Amherst: University of Massachusetts, 2009) を見よ。

（18）Arlie Russel Hochschild, *The Time Bind: When Work Becomes Home and Home Becomes Work*, 1st ed. (New York: Metropolitan Books, 1997), xii-xiii.

（19）Edward Bellamy, *Looking Backward, 2000- 1887* (Boston: Ticknor and Co., 1888): 16-17. 中里明彦訳、本間長世解説『エドワード・ベラミー：かえりみれば——２０００年より１８８７年、ナショナリズムについて』（研究社、一九七五年）、一二九頁（本文中の引用文は、訳者の訳出による）。［訳注＝本書は、南北戦争（一八六一〜六五年）が終わり、さまざまな社会改革運動によって提言される個人の尊厳を守る理想主義が、急速に発展する産業社会の現実のなかで、新しい課題をつきつけられた時代に、ジャーナリストであり、ロマンス作家だったエドワード・ベラミー（一八五〇‐一八九八）が執筆したユートピア小説である。アメリカ史研究者の本間長世の解説によれば、本書は、「ストー夫人の『アンクル・トムの小屋』と並ぶ超ベストセラーとなった」（三頁）。貧富の差が激しく、「金持ちと貧乏人、有識者と無学者」の四つの国民が存在していたかのような一八八七年のボストンに生きる、不眠症に悩まされる主人公が、催眠術のせいで一〇〇年以上眠り続けてしまう。そのかれが、リー博士に発見され、二〇〇〇年に目覚め、リー博士から、いまや平等でみなが幸福となった社会が、いかに一九世紀末の深刻な問題を克服したのかを聞き取るという未来小説である。トロントが引用する「もうひとつ」の事実の前には、次のように当時のアメリカ社会が描写されている。「綱をひく者の惨めな光景がもたらした主たる効果は、車上の座席に対する客たちの価値意識をたかめ、まえよりもいっそう死にもの狂いで座席にしがみつかせることになったという点にある、といわねばならない。自分も自分の友人たちも車から落ちはしないと確信できさえすれば、客たちは、塗り薬やほうたいを買う金を出すこと以上には、車をひいている人びとのことに気をくばりはしなかっただろう。／二〇世紀の人びとにとって、こういうことは信じられないほどの残忍な行為に思えるだろう、ということはわたしも十分承知している。しかし、いずれもひどく奇妙なことながら、いくぶんそれを説明する足しになる事実が二つある。まず第一は、多くの者が綱をひき、わずかな者が車に乗ること以外には、「社会」を維持する方法はない、のみならず、引き具にも車にも道路にも、あるいは労力の配分にも、きわめて根本的な改善を施すことは不可能である、とかたくまじめに信じられていたということだ」（二八～二九頁）。]

（20）Lori D. Campbell and Michael P. Carroll, "The Incomplete Revolution," *Men & Masculinities* 9 (2007).

（21）See, e.g., Thomas Hobbes, *Leviathan*, chapter 21 section 16. ［訳注＝『リヴァイアサン』において、ホッブズは「臣民の自由について」論じた21章において、次のように述べている。「《かれらは、自発的におこなうのでなければ、戦争するように拘束されはしない》このことにもとづいて、兵士として敵とたたかうことを命じられるものは、かれの主権者が、かれの拒否を死を持って罰する十分な権利を有するにもかかわらず、おおくのばあいに、不正義なしに拒否しうる。たとえば、かれが自分のかわりに、一人前の兵士を代置するばあいがそうであって、このばあいには、かれはコモン・ウェルスへの奉仕をすてるのではない。」水田洋訳『リヴァイアサン 2』（岩波文庫、一九六四年）、九七頁。］

（22）この問題について、ジェニファー・ネデルスキーとの対話に感謝しています。［訳注＝ネデルスキーは現在、カナダのヨーク大学ロースクール教授で、著書に *Law's Relations*『法の関係性』（Oxford: Oxford U.P., 2011）などがある。ネデルスキーは、ケアの倫理に学びながらも、ある文脈でひとはどのように行動すべきかを論じる道徳論ではなく、むしろより行政レヴェル・政策レヴェルにおける改革を唱えつつ、関係性のなかで育まれる自律性の重要性を提唱している。彼女の提唱する、政策を判断するさい重要となる関係性アプローチとは、次の二つの点を主張している。「第一の主張：権利（とそして、さらに一般的には法）に関わる諸問題は、いかに権利・法が関係性を構造化しているかという観点から最もよく分析される。そのような分析は、いかに人びとが検討されるべき課題を理解し、その課題に対してどのような判断を下すことになるかについて、違いをもらすことになる。第二の主張：じっさいに、いまここで、権利と法がなしていることとは、関係性を構造化することであり、その構造化によって今度は、自律といった［社会の］核となる価値が高められたり、貶められたりする。このことが、関係性アプローチが、現在の法体系において使用されうる、そして、されるべき（時にはじっさいにもされている）理由である。長い目でみれば、関係性アプローチは、法体系に変化をもたらすかもしれない一方で、そのような変化を待っている必要はない（ibid.: 65-66）」。］

（23）こうした拡大し続ける経済的不平等は、機会の平等を深刻に掘り崩すレヴェルになっている。Joseph E. Stiglitz, *The Price of Inequality: How Today's Divided Society Endangers Our Future* (New York: Norton, 2013), 22-25. 楡井浩一・峯村利哉訳『世界の99％を貧困にする経済』（徳間書店、二〇一二年）、五七～六一頁。

（24）Julie Anne White, *Democracy, Justice and the Welfare State: Reconstructing Public Care* (University of Park: Penn State University Press, 2000).

（25）Robert D. Putnam, *Making Democracy Work: Civic Traditions in Modern Italy* (Princeton NJ: Princeton University Press, 1993). 河田潤一訳『哲学する民主主義――伝統と改革の市民的構造』（NTT出版、二〇〇一年）。

（26）Carol Gould, "Varieties of Global Responsibility: Social Connection, Human Rights, and Transnational Solidarity," in *Dancing with Iris: The Philosophy of Iris Marion Young*, ed. Anne Ferguson and Mechthild Nagel (New York: Oxford, 2009). Joseph M. Schwartz, *The Future of Democratic Equality: Rebuilding Social Solidarity in a Fragmented America* (New York: Routledge, 2009). Selma L. Sevenhuijsen, *Citizenship and the Ethics of Care* (London: Routledge, 1998). ［訳注＝ここに取り上げられている論考、著作は、民主的な諸制度が人びとの意識の変革につながり、その意識変革によって人びとが互いに繋がって

いるという気づきを生み、社会的責任の共有がさらに、民主的諸制度のより民主的な変革へとつながっていくことを論じている。キャロル・グールドの論考は、遺作として『正義への責任』岡野八代・池田直子訳（岩波書店、二〇一四年）を著したアイリス・ヤングの研究を論じた論文集の一部である。『正義への責任』においてヤングは、合衆国を席巻し始める自己責任論に対抗する議論として、わたしたちが社会のなかですでに巻き込まれている、あるいは自ら築いている関係性のなかから、責任が生じると論じている。したがって、ヤングによれば、そうした責任は国境に閉じられるものでなく、とりわけグローバル市場の拡大に伴いますます、わたしたちが担うべき責任は重くなっている。〕

（27）Deborah Stone, "*Why We Need a Care Movement*," *The Nation*, March 13, 2000.

〈訳注〉

〔＊1〕近年、欧米を中心に、ケアの倫理、あるいはケアワークに関する研究ネットワーク作りが盛んに行なわれている。ケアの倫理研究については、二〇一八年に、ケアの倫理研究コンソーシアムが合衆国を中心に立ち上げられ、二〇一九年には創設記念大会がポートランド州立大学にて開催され、二〇二〇年にはカナダ、オタワ大学での大会開催が予定されていたが、新型コロナウイルスの影響で中止された。本コンソーシアムの創設については、ジョアン・トロントが発案、構想に中心的な役割を果たしている。https://care-ethics.org/

他方で、オランダでは、ケアの倫理ヨーロッパ・ネットワークが創設され、充実したサイトが運営されている。そこでは、各国でのシンポジウムや研究者の動向が紹介されている。https://ethicsofcare.org

また、ケアワーク研究に関しては、マサチューセッツ大学を中心に、グローバル・ケアワーク・サミットが隔年で開かれ、二〇一九年にはカナダ、トロント大学にて開催された。https://www.uml.edu/research/cww/carework/summit/

二〇一七年にはチェコの科学アカデミー・哲学協会主催で、トロントの提案した「ケアする民主主義」を主題とする国際会議が開かれた。そこでの各報告を基に、Petr Urban, Lizzie Ward (eds.), *Care Ethics, Democratic Citizenship and the State* (Palgrave Macmillan, 2020) が編まれた。本書には Yayo Okano and Satomi Maruyama "Women's Experiences of Poverty in Japan: Protection and the State" が所収されている。

〔＊2〕本書二四頁にて、この定義が引用される。

〔＊3〕同書については、第２章を参照。

〔＊4〕ケアとは、気遣い、配慮、思い遣りなどを意味するが、さらに、そうした心性・態度を要請する実践として、育児、介護、看護などを含意している。しかしながら、トロントの場合は、フィッシャーとともに定義した、ケア実践をめぐる概念が示しているように、そうした態度や心性を要する、あるいは、そうした態度や心性を育む実践は、より広い人間活動全般に及ぶ。たとえば、政治をめぐる実践や態度もまた、他者を気遣い、わたしたちの生への配慮を必要とするのだから、ケア実践に他ならない。

〔＊5〕アリストテレスは紀元前四世紀に古代ギリシャで活躍した哲学者で、政治学の古典となる『政治学』、倫理学の古典となる『ニコマコス倫理学』を執筆した。かれが『政治学』で定義した政治的領域と家政の領域の違いは、その後、政治哲学や政治学を越えて、現在でもわたしたちの政治観を縛っているといえる。たしかに、現在と異なり、古代ギリシャにおける家は、その構成員として、主人たる家長が存在し、その家の財産である奴隷を使っていた。男女は、生まれながらに異なり、徳に勝り、それゆえ、市民階級に属する男性たちが、能力に劣る妻や子どもを支配すると考えられていた。こうした家族観は、法的にも社会的にも変化したとはいえ、政治と家族とを峻別する思考方法は、現在も大きな変化を被ってはいない。アリストテレスは、『政治学』第一巻で次のように論じている。「主人の支配と政治家の支配とが同一であることも、凡ての支配が互いに同じであることも、決してないということは明らかである。なぜなら、後者は自然によって自由である者たちの支配であるのに、前者は自然によって奴隷である者たちの支配であり、また家政術（オイコノミケー）は独裁政治であるのに（何故なら凡ての家はひとりのものによって支配されるからである）、国政術（政治家の術）は自由で互いに等しき者たちの支配であるからである」（『政治学』、四六頁。1255b）。

こうして、アリストテレスは、家政の領域と政治の領域を峻別するのだが、かれが『政治学』を家政に関する議論から始めている意義もまた、考えられなければならないだろう。かれによれば、国家は家から構成され、あらゆる存在は、家における父の「支配」の下で育てられ、そうしてようやく、政治の領域において活躍できる男性市民が誕生する。たとえば、「家は凡て国の部分であり、それらの関係は家の部分であり、部分の徳は全体の徳を目標とすべきものであるから、いやしくも子どもの有徳であることや女の有徳であることも国の有徳であることに相違をもたらすなら、子どもや女を教育するには国政を目標としなければならない」と、両者がいかに相関しているかを説き、第一巻、「家政について」を閉じている（前掲書、六五頁。1260b）。

〔＊6〕「ケアの危機」とは、とりわけ八〇年代以降、多くのヨーロッパ諸国が、世帯主稼ぎ手モデルから、性差にかかわらずすべての成人が労働者として稼得する成人労働者モデルへと、制度変更をしたため、まずは子育てをするケア提供者が不足し、その後高齢社会を経験するようになると、高齢者介護の不足を経験するようになったことを指す。そこで、欧米諸国ほか、経済先進国は、海外からのケア労働者の移民を促進するようになる。日本でも二〇〇八年から導入された、看護や介護領域におけるＥＰＡ（＝経済連携協定による外国人労働者の受け入れ）もまた、そうした政策のひとつであるといえる。日本政府の説明では、「労働力不足への対応ではなく、二国間の経済活動の連携の強化」ではあるが、もはや常態となった日本の看護師・介護士不足のなかでは、見え透いた嘘といっても過言ではないだろう。https://www.mhlw.go.jp/file/04-Houdouhappyou-11655000-Shokugyouanteikyokuhakenyukiroudoutaisakubu-Gaikokujinkoyoutaisakuka/0000053842.pdf

〔＊7〕ここで局面と訳している Phase は、段階をも意味し、以下の四つの局面を四つの「段階」と訳すこともできるが、段階とすると、そこに時系列上の前後という関係が入るので、ここではむしろ、局面を訳とした。というのも、トロント自身が以下に語るように、四つの局面それぞれで、反省や見直しの契機が存在し、たとえば、第三・第四の局面である、ケアを実際に提供するなかで、何が本当に満たされるべきニーズなのか、といった第一の局面へと立ち戻ることがありうるからである。

〔＊8〕かつて合衆国では、新たな鉄道を建設するさい、人種や階級に偏りがみられる地区を分断するように、線路がひかれた。

〔＊9〕一九八七年にナンシー・フレイザーが発表した論文「女性、福祉、ニーズ解釈をめぐる政治」において提唱した、新しい政治のあり方。彼女は、合衆国における福祉制度を検証しながら、財をめぐる配分をいかに公正に行なうかをめぐって議論されてきた正義論への批判を行なった。ジョン・ロールズが『正義論』（一九七一）において提唱した正義論は、人びとがどのような人生の目的を抱こうとも必要とされるような財を、構造上・歴史上の不平等にも敏感に配分するよう唱えたが、そこで想定されているのとは異なり、人びとのニーズには解釈が欠かせない。なによりも、批判されるべきは、ある特定の人びとのニーズ、たとえば、フレイザーが本論文で注目する、福祉に頼らざるを得ない、シングル・マザーのニーズは、実際に彼女たちに何が必要かという視点からではなく、社会にとって彼女たちが重荷にならないようにするためには、何を、どれだけ与えるかといった視点から決定されてきた。さらに悪いことには、福祉を受給する女性を、機能不全に陥った家族の母と位置づけることで、社会的なアイデンティティさえ強要してきたといえる。「こうした女性たちに、彼女たちの子どもへの保育、職業訓練、そして、「家族賃金」を支払う職を、あるいは、これらを掛け合わせたようなプログラムを与えないことで、[合衆国の福祉制度は] 彼女たちを母親以外の何者でもないように、構築している。その結果、彼女たちのニーズとは、母親的なニーズであり、彼女たちの活動領域は、「これこそ家族」とみなされる領域と解釈されてしまっている」[Nancy Fraser, "Women, Welfare and The Politics of Need Interpretation", *Unruly Practices: Power, Discourse, and Gender in Contemporary Social Theory* (Minneapolis: University of Minnesota Press, 1989), 153]。

フレイザーが「ニーズ解釈の政治」という概念によって提唱したのは、ある特定の状況を生きる人びとにとってのニーズを解釈するその場こそが、民主的なプロセスに開かれた政治の場となることであった。

〔＊10〕ユダヤ教とイスラム教には、男児に行なわれる男性性器の包皮の一部を切る慣習がある。

〔＊11〕シリーズ六作まで放映された、イギリス制作の人気ドラマ。二〇世紀初頭、まだ貴族の伝統を色濃く残す大邸宅「ダウントン・アビー」で暮らす伯爵一家とその使用人たちの日常が描かれる。

〔＊12〕アリストテレスは、奴隷は自然において奴隷であるということを説明するさい、以下のように語っている。「自然は肉体をも自由人のと奴隷のとでは異なったものとして、すなわち一方のは生活に必要な仕事に適するほど丈夫なものとして」作った、と。ここでいう、生活に必要な仕事のひとつが「家内労働」である〔『政治学』四二頁。1254b〕。

〔＊13〕かつての論文のなかで、トロントは、ケアを市民として求められる実践と定義することによって、市民としての責任を最も果たしている者たちの一人として、家事労働移民たちを受け入れ、彼女たち／かれらに平等な処遇を求めた。Joan Tronto, "Care as the Work of Citizens: A Modest Proposal," in Marilyn Friedman ed., *Women and Citizenship* (Oxford: Oxford University Press, 2005).

〔＊14〕『ケアする民主主義』において、正義の原理と比較しながら、「フェミニスト的なケアの民主的倫理」とはどのようなものだろうかと自問しながら、次のようにトロントは応えている。「最も重要なことは、一連の原理から、正しい行為を導きだすのではなく、むしろ、フェミニスト的なケアの民主的倫理は、互いに結びついている、一連のケア実践の流れを見通すことから始まる。このような入れ子状になった実践の最も大きな広がりは、社会全体にまで連なっている。〔…〕このような実践の目的とは、社会のあらゆる構成員たちが、その社会をできるだけ民主的にすることによって、できる限り善く生きられることを保障することだ。これこそが、「共にケアする」の本質である。民主的に生きることそのものは、ケア、あるいは人間の生の唯一の目的であるわけではない。とはいえ、民主的な社会においては、それこそが、民主的なケア実践の目的である。したがって、民主的な政治は、ケアに対する責任配分を中心に据えるべきであり、かつ、民主的な市民が、そうした責任の割り当てにできる限り参加できるよう保障するための、責任配分を核にすべきである」[*Caring Democracy*: 30]。また、第２章も参照。

〔＊15〕Concerted action、「一斉に行なう活動」とも訳せるが、ここでは、むしろ、さまざまな立場、能力の異なる人びとが、同じような行動をとるのではなくむしろ、あるひとは、行動に出ることができなくても、その活動のあり方に違いがあっても、なお平等に向かっているというニュアンスが込められている。

たとえば、この用語は、政治とは活動の自由のなかにこそ、しかも複数いる多様な人びとのあいだでのみ存在すると考えたハンナ・アーレントの議論を彷彿とさせる（『人間の条件』志水速雄訳、ちくま学芸文庫、一九九四年、三八二頁）。アーレントにとっては、活動はそれぞれ異なるひとが、異なる利害関心、異なる観点からある社会問題や争点をめぐって、他者の前で語り、議論しあい、そして行為することである。したがって、活動が自由であるかぎり、ひとがどのような活動をするのかは予測不可能であり、また、一度そうした活動が行なわれれば、やり直しもきかない。アーレントによればそうした活動の自由は、支配者にとっては、体制を揺るがす力があり脅威に他ならず、そこで力をつかって活動の自由は統制されてきた。しかし、人びとが共に集合し「協力して活動する action in concert」ときにのみ、政治に相応しい権力が生まれ、そもそも不安定な活動の自由は、人びとの約束や許しの力によってのみ、その不安定性に一定の安定性がもたらされる。

〔＊16〕いわゆる「オバマケア」を通称された、二〇一〇年オバマ政権による立法。一九六五年のメディケアとメディケイド以降、大幅に健康保険加入率を向上させるために行なわれた制度改革のひとつ。

〔＊17〕ケインズ経済学における「乗数効果」とは、公共事業のような、ある貨幣支出を伴う有効需要を増加させると、その増加させた額より大きく国民所得が増加するというもの。

〔＊18〕ゲイティッド・コミュニティとは、いまや合衆国の郊外に広がる高級集合住宅で、住民たちが住民以外の立ち入りを厳しく管理し、その住宅地の環境整備にも多大な自己資金を費やしている共同体のことである。

〔＊19〕リーマンショックの発端となった、サブプライム住宅ローンによって引き起こされたバブルのこと。低所得層にも住宅が購入できるこのローンは、お金を借りた当初は低金利で、その後政策金利と連動して、金利が上がることがわかっていた。それにも関わらず、多くの低所得層のひとたちは、住宅価格が上がり続ける限り、その住宅を担保にしてまた金利の低いローンへと切り替えることができることを信じて、住宅を購入し続けた結果、ついに住宅バブルがはじけ住宅価格が下がり、高金利になったローンを返すことができなくなってしまった。

〔＊20〕前出の訳注＊9を参照のこと。

〔＊21〕ロバート・パットナムが提唱した、市民社会、あるいは民主主義の諸制度が実際にうまく機能するために必要な資源。イタリアの調査から、人びとが信頼しあい、互いに協働する文化が浸透しているほうが、民主主義が効率的に機能するという議論。

〔＊22〕パットナムがその著『哲学する民主主義』で論じた、南北イタリアの統治機構の効率性の違いのこと。一九七〇年代に自治体の制度改革をすすめたイタリアにおいて、パットナムが州政府の安定性や行政の実効性などを州によって比較した結果、行政のパフォーマンスも高く住民の満足度も高い北部と、そうでない南部が存在することが分かった。これまでの研究では、経済的な発展と民主主義の発展が相関すると考えられていたが、パットナムはむしろ、市民性、つまり、公的な問題への参加や、市民のあいだの、あるいは行政に対する信頼、そして、政治的な平等といった指標によって、民主主義の成熟度を測定した。

〔＊23〕たとえば、日本での新しい試みとして、佐々木亜紀子、光石亜由美、米村みゆき（ほか）著『ケアを描く――育児と介護の現代小説』（七月社、二〇一九年）がある。本書では、小説のなかで、育児や介護、そして教育などがどのように描かれているか、育児や介護を主題にすると、その他の小説とどのような違いが生まれてくるのかが、多様な作品を通じ論じられている。

第2章

民主主義の再生とケアの倫理

——ジョアン・トロントの歩み

Restoration of Democracy and Ethics of Care

Introduction to Joan Tronto's Theory

by Yayo Okano

第2章では、第1章のトロントの記念講演である「ケアするのは誰か?」をさらに理解し、民主主義の問題をわたしたち自身の問題として捉え返すために、トロントの主著と重要な論文に触れながら、既存の民主主義論、あるいは政治理論においてほとんど触れられてこなかった実践としてのケアに注目するトロントの新しい民主主義論、「ケアする民主主義論」について概観してみよう。そのためには、まず、第1章における鍵概念であるケア実践に、なぜトロントがこれほど注目するようになったのかについて、フェミニズム理論の歴史の一端を概観しつつ確認した後、フェミニズムにとってケア実践に注目することの意味を明らかにし、「ケアする民主主義論」の現代的意義について論じたい。

1　フェミニストとして、ケアの倫理に出会う

フェミニストの悪夢?

まず、トロント自身の研究内容に触れてみよう。トロント自身が振り返っているように[Tronto 2014]、一九八一年に論文『政治的合理性は可能か――ホッブス、スミス、ウェーバーの著作における、政治統制批判』で、プリンストン大学にて政治学博士号を取得した彼女には、フェミニスト研究者として

二つの問題関心があった。ひとつは、合衆国で最大の女性団体である全国女性機構 National Organization for Women（ＮＯＷ）[1]が掲げた、目標をめぐるものである［ibid.: 11］。

第二次世界大戦後、多くの男性たちが社会に復帰し、またベビーブームで多くの子どもたちが生まれてくるようになると、戦中は男性の職場でも働いていた――国家によって、働くことを奨励されていた――女性たちは、またしても家庭へと押し戻されることになった。しかし他方で、戦中の女性たちの経験や、高等教育を受ける女性の数の上昇、そしてとりわけ五〇年代後半からはじまる黒人差別に反対する公民権運動に触発されたさまざまな解放運動のなかで、女性たちもまた、自由や平等を求めて立ち上がることになる。そのひとつであるＮＯＷは、一九六六年の設立当初、次のような目標を掲げた。

今こそ、女性たちをアメリカ社会の本流に導きいれ、男性との完全に平等な協力関係を打ちたてるのに必要な行動を起こそう[2]。

ＮＯＷの目標はその後も、個人の自由を最大限尊重し、個人の潜在能力をより良く発揮するために障壁をできるだけなくすという、合衆国の拠ってたつ理念にそって、女性たちもまたその能力を発揮させることで平等を獲得しようとするリベラルなフェミニストたちの目標であり続けている。しかし、トロントは、人学で教え始めた八〇年代、「フェミニストの悪夢」と自分で名づけた問題と格闘することになった。その悪夢とは、ある日目が覚めると、女性たちがこの世界でより幅広い地位に就くことへの障壁が消え去り、他方で、これまで白人で中産階級の女性たちが担ってきたケアにかかわる負担を、その他の、より経済的に貧しく、あるいは／そして、有色の女性、移民女性や男性たちが、一斉に担うことになる、という悪夢である。女性たちが賃金労働、すなわちこれまで男性たちが担っていた仕事をするようになれば、いったい誰が、これまで女性たちが担っていた／担わされてきた仕事をするのか。NOWのような目標を掲げることによって、フェミニストは何かを失うことになるのではないだろうか。これが、フェミニスト研究者トロントにとっての第一の問題関心だった(3)。

差異か、平等かをめぐる難問

トロントにとっての第二の問題関心は、八〇年代後半から九〇年代にかけて、多くのフェミニストたちを悩ました課題、〈差異か、平等か〉という問いをめぐるものであった。この問いは、フェミニストたちが現実の社会・政治問題を解こうとするなかで、さまざまな形で現れた。まず、先述したNOWが、設立当初、白人中産階級の異性愛者を中心とする活動をしていたことを厳しく批判されたことにも表れていたように、女性たちはどのような社会的地位にあれ同じ問題に直面しているから、ひとつの目標に向かって団結できるのか、あるいは女性たちは人種や階層、性的指向性などさまざまな違いを生きているので、もはや女性すべてに共通する目標など不可能なのか、といった問題をめぐるディレンマである。もし、女性運動が、共通の目標に取り組むべきなのだとしたら、多様な女性たちの声がかき消されてしまうか、不当な優先順位に悩まされるだろう。
あるいは、人種や階級、そして性的指向性といった女性間の差異にこそ注目すべきなのだとすれば、もはや、女性固有の問題が存在しなくなってしまうのではないか。〈女性〉というくくり方じたいが、疑問視され始めた。

さらに、〈差異か、平等か〉のディレンマは、女性たちが既存の社会において、自らが排除されてきた地位に就くためにどのような訴えをするかに関わって登場する。たとえば、二〇世紀になるまで否定されてきた女性参政権をめぐって、女性もまた男性と同じような理性をもち、同様の能力を発揮できる、すなわち男性と同じだから参政権を認めよと訴えるのか、あるいは、女性たちには男性たちとは異なる社会貢献ができる、つまり異なる能力や美徳があるので、女性たちも参政権を行使したほうがより社会はよくなると訴えるのか、といった問題である［Tronto 1993: 15］。

トロントによれば、彼女を悩ませていたふたつの課題をひとつに結びつけることを可能にする「ひらめき」を与えてくれたのが、キャロル・ギリガンの『もうひとつの声』であった［Tronto 2014: 11］。

『もうひとつの声』との出会い

『もうひとつの声』は、一九八二年に合衆国で公刊されて以降、アカデミズムに限らず多くの女性たちに歓迎され読み継がれてきた、道徳心理学――個人の善悪に関する判断能力の発達状態を考察する学問――の著作である。ギリガンは当時、道徳性発達理論の権威であったローレンス・コールバーグと共同研究をするなかで、かれが提唱した発達モデル[4]では、女児や女性たちはその発達を低く評価される傾向があること、また、そもそもかれが道徳性発達の理論を定式化したときの観察対象が男児に限定されていることに気づき始めた［Gilligan 1982: 18/ 24］。そこで、ギリガンは、七〇年代に中絶するかどうかの判断に直面した女性たちに、彼女たちにとっての道徳問題とは何かを聞き取りながら、道徳上のディレンマに陥った彼女たちの声を理解しようとした。

ギリガンが、自身の経験を語る女性たちから聞き取った声は、コールバーグが仮想上のディレンマを問いかけた男児の語りとは異なる響きをもっていた。『もうひとつの声』がトロントはじめ、心理学に限らず幅広い分野に影響を与えた理由は、いくつも挙げられるだろう。なによりも、男性だけを研究対象にし、そこから導き出された結論を客観的なものとして提示していること。また、仮想上のディレンマに応えさせることで、じっさいの問題にいかに対処するかといった実践よりも、知的な推論・思考の在り方にのみ関心を向けているといった方法論上の問題があること。そしてなにより、成熟した人間が到達すべき道徳の形が明示されること――だから、到達できない者は逸脱者となる――や、あらゆる立場にある、いかなる者たちにも適用可能で、社会的な環境や評価に左右されない、といった道徳の定義そのものに対して、ギリガンが異議を唱えたからである。

ギリガンが注目したのは、仮想的なディレンマではなく、中絶という、自我や自分の将来だけでなく、他人との関係性を揺るがす決定をめぐる判断であった。その判断は、自分がどのような状況にあるのか、なぜ自分がそのような葛藤に陥ったのか、何を自分が大切にしているのかといった、ある環境・状況のなかに置かれた自身を見つめることを要請する、自らをめぐる語りのなかで初めて、明らかになる。しかしながら、ある環境・人間関係のなかで自らを捉え返すような女性たちの語りは、コールバーグら他の男性心理学者たちによって、普遍的な規則よりも、外界の反応によって左右される慣習段階にとどまっていると考えられた。つまり、道徳判断としては、未成熟だと捉えられてしまうのだった。

道徳性の発達理論がいかに、男性のライフ・サイクルや男性の活動の場、そして男性らしさと強く結びつけられているのか、すなわちジェンダー・バイアスの下で普遍的とされる道徳理論が構築されてきたかを批判した『もうひとつの声』はしかし、まさにトロント自身も直面していた、〈差異か、平等か〉といった論争に巻き込まれていく。すなわち、ギリガンの主張は、女性の声をあたかも自然なものとして捉えている、人種や階級の違いに無頓着に女性を一般化しすぎている、歴史性を無視した一部の女性たちの声のみを切り取っているといった批判に、晒されることになる[5]。

2　ケアの倫理から、ケアの理論へ

ジェンダーの差異を越えて

ギリガン自身は、当初より、ケアの倫理をジェンダー・カテゴリーに対応するものと考えておらず[6]、彼女の中絶に関する研究は、ヴェトナム戦争時に徴兵に悩む男子大学生についての研究計画を引き継いだものだった［Gilligan 1998: 126-127］。とはいえ、ギリガン自身もケアについての語りは、女性に多くみられることを認めており、とりわけ『もうひとつの声』出版直後の批判がそこに集中したように、ケアの倫理は女性の倫理であると少なくない研究者が受け取めたことは、妥当だといえる。トロントは、ケアの倫理が女性たちのある特徴を捉えていることを認めつつ――それが当時の合衆国の社会文化の現象をよく掴んでいたのは確かである[7]――、ギリガンが提示したケアの倫理をジェンダー間の差異の問題に回収するのではなく、むしろ、ケア実践を歴史・社会のなかで総体的に捉えることで、ケアを中心にすえた政治理論を鍛え上げるべきだと提案する。

本節では、ケア中心の政治理論へといたるまでの前提として、『もうひとつの声』出版五年後にトロントが公刊した一九八七年論文「ジェンダーの差異を越えて、ケアの理論へ」を詳しくみてみよう。

ギリガンらの発見のように――社会現象として――、女性は、自身の社会的評価や他者への気遣いをより強く示すことを認めるとしよう。すると、その理由として主に二つの原因が考えられる。ひとつは、子育てというケア実践によって幼児期の自我が形成されるために、女性がほとんど育児を担う社会においては、男性と女性の自己像に違いが生まれると論じるであろう。この理解は、ケアの倫理は生来的に女性の道徳を表すという理解にもつながる［Tronto 1987: 648-649］。

第二の理解によれば、ギリガン自身も女性の社会的地位にしばしば言及するように、女性たちは本当に感じていること、考えていることを話すと貶められることや、そもそも女性たちにとって自分で判断し、その判断に従って行動する場が与えられてこなかったことに関係している。すなわち、ケアの倫理は、女性たちが位置づけられた社会状況によるものだとの理解が可能である［ibid.: 647］。とするならば、ケアの倫理はむしろ、社会的に従属を強いられる人びと、無力に苛まれるひとたちに特徴的な道徳観を表しているというべきなのではないか。トロントは、そこに、既存の〈差異か、平等か〉に囚われてきたフェミニズムの議論を越える、社会批判の力を見いだす［ibid.: 651］。

ギリガンがケアの倫理に見いだした、人間関係への注視、社会的な自己の捉え方、権利ではなく責任を重視すること、そして他者を傷つけないという規範が、むしろ社会的地位に起因して形成されてくることに目をやるならば、ここに、社会の中心的地位から排除された者たちが取りうる二つの選択肢――歴史的にフェミニズム運動が陥ってきた罠に他ならないのだが――が、政治的に拓かれるようにみえる。

平等をめぐるディレンマ

一方の政治的主張は、次のように訴える。すなわち、社会的に不利な立場にある者たちの道徳性の発達は遅れがちになるが、社会環境さえ改善されて平等に社会に参加するようになれば、正義の原理を身につけた道徳的な市民になるだろう。したがって、まず彼女たち・かれらの参加を阻んでいる社会や法制度を改善すべきである、と。公的領域にふさわしい道徳を、女性であっても身につけることができるし、男女の能力には実際には差があるわけではないからだ。

他方で、次のように訴える者もあろう。女性やマイノリティを社会の犠牲者、一方的に抑圧されているだけの受動的な被害者のように扱うのをやめよう。彼女たちが、その経験のなかで掴んだ道徳観や自己認識は劣ってはおらず、むしろその違いを武器に社会を変革すべきだと唱える。たとえ、現在の社会で〈劣っている〉とみなされていたとしても、マイノリティとしての自尊心を捨てるべきではないし、異なる社会的立場にある者たちの異なった道徳観は、既存のマジョリティ中心の道徳観を補う、あるいはそれを修正・改善するために、有意義な働きをするはずだと。同じ地位を求めることは、差異の存在のために負の烙印を押してきたマジョリティへの同化に他ならないので、むしろ差異とその価値こそが尊重されるべきだと訴える。

第一の主張は、じっさいにリベラルなフェミニストたちが唱えてきた平等論であり、第二の主張は、歴史を振り返れば合衆国の参政権運動のさいに強くみられた母性主義の議論に反映されていた。しかし、トロントによれば、権力を手にするために、いずれの政治的主張を唱え、それにそった政治戦略をとったにせよ、周辺から権力の中枢へと近づこうとすることに変わりなく、じっさいには社会変革にはつながらない。

ギリガンの主張は、こうしたマイノリティたちが陥ってきた〈差異か、平等か〉の選択肢とは、異なる提案をしているようにみえる［Tronto 1993: 86］。というのも、『もうひとつの声』において、正義の倫理もケアの倫理も備えること——その発達プロセスにジェンダー差がみられるとしても——が、人間の成熟の姿であると、ギリガンは結論するからである。では、両者の統合は、社会改革へとつながるのだろうか。たしかにこうしたギリガンの主張は、母性主義にみられた「分離主義」や、既存の権力に対して、〈わたしたちの異なる価値観は、現在の社会にも必要で、役に立つ〉と訴えなければならない保守性を免れているようにもみえる。しかし、トロントによれば、現在のわたしたちの道徳的・政治的な信念に対して、『もうひとつの声』の議論のままでは、ほとんど変革を促さないという。それを阻むのが、公私二元論という、わたしたちの認識から価値観までも支配する、強固な境界の存在である。

強固な公私二元論とケアの倫理の封じ込め

たしかに、ギリガンのいうように、個人の権利を優先する者も成長するなかで、ひととの関係性を維持することの重要性や、孤立によって他者が傷つくことに気づき、他者の声にも耳を傾けるようになるかもしれない。あるいは、なるべく自己主張を避け、他者とのつながりを維持することに専心していた者も社会経験のなかで、自己犠牲と利他的であることは別のことだと気づき、他者同様に自分や自分の関心をも大切にするようになることはあるだろう。すなわち、すべてのひとにとって、正義の倫理もケアの倫理も不可欠な道徳観であるといえるかもしれない。しかし、こうした議論は、トロントによれば、いまだ社会構造のなかに深くジェンダー構造が埋め込まれているなかで、容易に「封じ込め戦略」にあうという。

トロントは、コールバーグがいかにギリガンからの批判を受け取り、自らの理論に適用したかを紹介している［ibid: 87］。じっさい、コールバーグらはギリガンの批判を受けて、道徳的という言葉に二つの意味があると修正するようになる［コールバーグ（他）1994: 34-35］。道徳とは第一に、「不偏性、普遍化可能性」、そして、「何が正しいかについて、他の人びとと同意、あるいは合意をとりつけようとする努力や意志」を重視する「道徳的な視点」である。そして、ギリガンが発見する「ケアすることや責任」に焦点をあてる道徳は二次的なもので、家族や友人関係に対する特別な義務において、より強くみられる道徳性とされる。

ギリガンの提示した「もうひとつの声」と正義の倫理が、ひとりの人間のなかで統合されたとしても、その声は、わたしたちの内面にまで浸透する境界線――「私的」か「公的」かをめぐる意識の境界線――を越えることはない。むしろ、正義の倫理を第一とする道徳のなかに「封じ込められ」、それを補完するか、第一のものよりも劣ったものとして扱われ、ケアの倫理がもつ、越境の可能性、あるいは、社会を根本的に変革する可能性が封じ込められる。それどころか、結局のところ、第一の道徳をさらに強化するものとして、権力の中枢にある者たちの特権を守る現状維持の作用を果たすようになるだろう。すでに正義の倫理を身につけた社会で活躍する者たちも、家族や友人を大切にしよう、あるいは、これまで社会の周辺でしか活動できなかった女性やその他のマイノリティも、社会の中枢に参入することで、正義の倫理を身につけよう、と。

以上の議論は、結局は、権力の中枢に近い女性に有利であり――社会の中枢から排除されるその他のマイノリティ、階級・人種・性的指向などの問題に取り組んでいない――、さらにギリガンも気づいていたはずの、人間にとって不可欠なケア役割をしている女性たちが、そのケア役割のために発する声や身につける道徳性が無視／軽視されてきた歴史に対する十分な批判足り得ていない。トロントによれば、結局ギリガンが、ケアの倫理が私的な道徳であるとみなされていることを十分に批判し得なかった点が、『もうひとつの声』が保守的であるという批判を招いた一因である。

「ケアの倫理」を真に社会変革のための理論へと鍛えるためには、ケア実践を、わたしたちの社会だけでなく、内面さえも分断している公私の二元論に対する批判的な実践として、捉え返す必要がある。それが、ケア実践を歴史・社会のなかで総体的に捉えようとする、トロントのその後の研究である。

3　ケア活動 Caring への注視
——実践と道徳をめぐるフェミニスト的アプローチとは？

社会的なケア活動の位置づけとジェンダー格差

ケアの倫理を、性差をめぐる議論——心理的な女らしさの構築物なのか、ケア役割を果たす結果の文化的産物なのか、社会的な従属という地位の問題なのか——から解放し、むしろ現在のジェンダー間格差の原因を真正面から考察すること、そして、強固な公私二元論と、この二つの領域がどのように、誰によって確定されているのかを批判すること。そのうえで、ギリガンによって着手された道徳をめぐる調査研究によって進展してきた「女性の道徳」といった概念を批判的に考察し、それらの研究成果を、階級・人種・民族・セクシュアリティといった広い社会の文脈のなかで捉え返し、ケアの倫理を道徳理論、政治理論として鍛えなおすこと。

一九八七年の論文でトロント自身が提唱した、以上のようなケアの理論構築への試みこそが、その後のトロントの政治理論、民主主義論の歩みである。そこで本節では、彼女がケアの定義にいたる途上で、ケアという活動の政治的重要性に気づいた論考「女性とケア活動――フェミニストはケア活動から道徳について何を学ぶことができるのか」(一九八九)での議論に目を向けてみよう。

本論文で考察されるのは、この社会で誰が、いかに、そしてどのような状況のなかでケアをしているのかという、『ケアするのは誰か?』にも通じる問いである。トロントはケア活動を詳しく見てみると、性差による社会編成のあり方が明らかになるという。

男性は、金、キャリア、理念、そして出世を気にかけている caring about。すなわち、男性は、自分がしている仕事や、抱いている価値、そして自分の家族のためにどれだけ稼いでくるかで、ケアしていることを表す[…]。女性は、自分の家族、近隣、そして友人たちに気遣う caring for。すなわち、女性は、ケアするという直接的な仕事をすることによって、家族の世話をしている。それだけでなく、この筋書きはさらにこう続く。男性は、より重要な物事について考えている caring about。他方で女性は、さほど重要でないことを考えている[Tronto 1995: 101]。

ここに表れているのは、ケア活動がその内容も、活動する場も、そして担う者たちも異なった形で固定されており、社会におけるケアのあり様は、その社会における公私領域の編成と密接に関わっているという事実である。トロントは、女性が為していること、女性的な感性なのだからといってそれらを無批判に称揚することから距離をおく一方で、ケア活動を注視し、その活動を通じて現れる判断や、その判断を活かした実践のあり方に、既存の道徳理論が望ましいとしてきた考え方や行動様式に対する、根本的な批判の可能性を見いだそうとする。

二つのケア

英語で「ケアする」とは、ある対象・ひとに対するコミットメント、そして責任を含意し、そもそも、ケアとは、あえてケアする、すなわち、重荷を背負うことを意味している。したがって、ケアする者は必然的に、ある対象――事柄、ひと、モノ――と関係を結ぶことになる。とはいえ、トロントによれば、ケア活動には、二種類ある。それらは、つねに峻別できるわけではないが、対象によって、「気にかける caring about」と「気遣う caring for」といったケアの仕方を、わたしたちは区別しているという。

気にかける、あるいは関心を向けるとき、わたしたちはより、一般的で、さほど具体的でないものを対象にしている。そして、何かに関心をもつことが、道徳的かどうかは、その対象によって決まる。たとえば、正義について考えることは道徳的である一方で、自分の休暇を気にかけることは、一概に道徳的だとは考えにくい。

他方、気遣う、あるいは配慮するのは、より具体的で、個別の対象である。とりわけ、その対象は、他者の物理的、精神的なニーズであり、自分へのケア、「母」が子に向けるケア[8]、医者の患者への、そして、地震の被災者に対する赤十字のケアなどがそれである。現在の社会においては、他者の抱える具体的なニーズへのケアの一部が専門職化されているにせよ、「気遣う」というケアのあり方に象徴的なのは、その多くを家族が担い、社会化されるケアは、家族の代替物あるいは、家族で賄えない場合の控えのように考えられていることである。たとえば、第3章で触れる保育などがその典型例であろう。さらに、こうした配慮の仕方が道徳的かどうかは、その配慮が向けられる対象によって決まるだけでなく、ケアするひとと、ケアされるひとの関係性によって、そしてその具体的なケア内容によって決定されることが特徴的である。

トロントは、不潔に見える子どもの例をとりあげている。多くのひとにとって、不潔に見える子どもの存在そのものは、道徳的な問題とならないが、そこに、母――多くの場合、父ではないことに注意されなければならない――との関係性が考慮されることで、不潔に見える子どもは、母が放置しているか、その子のニーズを充たしていないことの表れだということで、その母親が非難されることがある。そしてそうであれば、気遣うといったケアをめぐって、わたしたちは、いかにその活動がジェンダー化されているかに気づかされるだろう。必要なケアを誰が誰にどのように気遣い、提供するかについては、社会的、文化的、そして歴史的に築かれた母親の義務に大きく左右されるからだ。だからこそ、「誰かに、何かに、そしてある集団に対する責任の割り当ては、道徳的な問題となりうる。ただ、何が典型的に道徳的な「配慮」なのかを決めているのは、活動そのものではない。むしろ、そうした活動が、社会的にケアの担い手に割り当てられた義務をいかに反映し、誰がその活動を担っているかによって決まる」[ibid.: 104. 強調は引用者]。母親であれば当然とされる子育てを、父親が担った途端、そのケアが高く評価されるといった現象が、その好例であろう。

公的問題から、予め排除される「気遣い」

問題は、気を配るという活動は、公的に論じられる対象として扱われてこなかったことである。たとえば、「道徳的な観点から」、すなわち、普遍的で中立な態度で、子どもは親にケアされるべきだと同意することはできるかもしれない。しかし、配慮がしめす、具体的な——小さな子どもは衛生上、服はよく着替えさせ、身体をきめこまやかに気遣い、少しの変化も見逃さないほうがいいのか、耐性をつけるためには、土ぼこりにも慣れておいたほうがいいのかといった——判断や、一人ひとり異なる成長やニーズにあわせたケアは、「自然に」誰か（＝母親）が、身につけるだろうと想定されている。それは、あくまで私事であって、みなで妥当な合意点を探る努力をするようなものではない、と。しかし、繰り返すが、こうした子どもをめぐる気遣いが私事であり、みなで合意をするような問題ではないことは、社会的にどこかで、予め決定されていいるのだ。

さらに重要なことに、多くの道徳理論、そしてそこに準拠する政治学や法律学において、道徳とは、自分にとって合理的なもの、自分の利害とは何かがしっかり理解でき、選択を前に判断し得るという意味での、自律的な存在のあいだでの、相互行為に関わることが前提とされている。誰かに一方的に依存しなければならない存在、すなわち、圧倒的な不平等が存在する関係性のあいだの「気遣い」は、道徳的な問題としては扱われてこなかった。しかし、ケアという活動、そこに示される状況判断や知識の使われ方、他者の尊重のしかたをも含んだ実践を注視すればするほど、社会全体において不可欠な、もっと正確にいえば、価値ある実践として評価されるべきではないか。

活動に内在する知と判断のあり方

ケア活動において必要な知識のあり方は、その活動に内在している。ケアは、ひとりとして同じではないひとが、特殊な環境のなかから発するニーズと出会い、そのニーズを注視するattendことによって何が必要かを見分け、そしてそのニーズに応える一連の行為である。もちろん、既存の道徳理論が、他者のニーズを無視してきたわけではないが、それでも、そのニーズは、〈自分がもし、その他者の立場だったら〉という推論の域を出ない。さらに、自分の利益やニーズは自分が一番よく知っているという前提も、ケア関係においては依拠できない。ケアする者は、ケアされる者が気づかないニーズを察知する必要があるし、さらに、〈自分だったら〉と、相手のニーズを自分のこととして読み取りすぎないようにもしなければならない。そうした謙虚さは、逆説的だが自己をしっかり認識することも要請する。自分と他者が違うこと、自分がどのような人間であるかを認識したうえで、さらに、他者を注視することが、ケアには要請され、またそのような要請を受けた実践を通じてこそ、実践に相応しい態度が育成される。

他方でこうした知のあり方を要請するケア活動は、ある困難な道徳問題を提起することになる。いったいどこまで、他者のニーズに寄り添うべきなのか、それは自己犠牲を必ず伴うのか。あるいは、他者が充たして欲しいと訴えるニーズをそのまま受け取ることは、本当にその他者を気遣うことになっているのか。いったい、どこにその判断基準があるのか、といった問題である。ここに、ケアの倫理は一般的な意味で道徳理論足りえない、という批判の理由のひとつが存在している。すなわち、ケアの倫理には、その外部に、より良く実践がなされているかどうかの判断基準が必要であるから、十分な道徳理論ではないと。だが、じっさいには、こうした一連のケアを実践するなかからしか、多様な個別的事例にそったより良いケアの基準は生まれてこない。こうした批判は逆に、ケア活動から遠くにいる者たちの、ケア実践への無理解や見下した態度を表しているのではないだろうか。だからこそ、トロントも、まずはケア活動に意識的に参加し、実践を積むことを、民主的な政治運動のひとつとして提案するのだ。

ケア実践に注目する社会的意義

他方で、既存の道徳理論や政治理論に対して、ケア実践から得られる知は、理論的な問題を提起してもいる。前二者において、社会を構成する人びとは、つねに自律し、経済的にも自立した、健常者であることが前提とされている。しかし、現に人びとが行なっているケア実践が、ニーズを他者に満たしてもらわなければならない、依存する者から始まっている限り、対等な関係におけるコミュニケーションや交渉とは異なる問題に出会うことになろう。たとえば、ケアの受け手に対して、ケア提供者が想定し得るニーズしか提供していないのではないかといったケア提供者の権威主義の問題や、逆に、ケア提供者が、自分自身で判断することを放棄し、ケアの受け手に逆に依存するような事態を招くかもしれない。この問題は、完全に解決される問題ではない。むしろ、そうした事態がいかにケア関係にある一人ひとりを傷つけることになるか――適切なニーズ充足ができなくなるから――、という観点から、より一層社会の問題として議論されるべきなのだ。

そして、フェミニズムにとってより重要なのは、ケア実践があくまで個別的であり、その実践が閉じられた親密圏を形成しがちであるからこそ、そこに――一般的な親密圏のイメージとは逆に――暴力や搾取の問題が惹起しやすいことを認識し、より良いケア関係を築くための社会的基盤を構想することである。たとえば、産みの母は、その子に献身的にケアをすべきだという一般的な規範が、たとえあり得たとしても、じっさいには、その母の稼ぎに他の家族が頼っていたり、彼女にはケアに足る資力がない場合もある。言うまでもなく、なぜ母なのかという問いは、解決されないまま残るだろう。トロントにとって、この個別性をめぐる問題は、むしろ、より広い政治的な問題へと接続されなければならない。つまり、現在のわたしたちが、非常に狭い範囲の他者にしか気を配らなくてすむという事態そのものが、さまざまな社会制度によって維持されているのではないか。もっといえば、母を中心として、母に多くを負担させ、他の領域からは隔離するような制度設計が、ケア関係を強く限定しているのではないかと、問い返せるはずなのだ。

こうして、ケア実践を、既存の道徳理論と照らし合わせながら詳細にすることで、トロントは、ケア実践に対するフェミニスト的アプローチを見いだしてく。彼女によれば、現在のようにケア活動をわたしたちに最も身近な存在のみとの関係性に留めておくことは、じつは、その陰で、その他の存在に対する無配慮、無視、無関心を正当化している。この節で論じてきたことから逆説的に浮かび上がってくるのは、既存の道徳理論、そして政治学が、普遍的な義務を中心に社会を構想できたのは、個別具体的なニーズをもったひとを気遣い、そのニーズを充たす実践、そしてその実践をめぐる細やかな、ときに困難を伴う判断を、女性たちの領域へと封じ込めてきたからである。だからこそ、公的領域では、そうしたケアを必要とするひとは存在しないかのように想定できたのであり、ケア実践に社会的な価値を与えず、あくまで私事に留めておくことで、他者を「気遣う」人びとをも、私的領域へと閉じ込めることができた。なぜなら、その気遣いの在り方は、公的領域には相応しい態度ではないから、と。

4　ケアの倫理を道徳理論の変遷のなかに位置づける

ケアの個別性の社会的構築性

論文「女性とケア活動」において、じっさいのケア活動を分析しながらトロントが見いだすのは、わたしたちの誰もが必ずケアされる者として関わり、ある一部の存在（＝女性）にとってはその生の多くが費やされることとなる活動は、個別の――直接のケア関係にない者たちにとっては関心が及ばない

――状況のなかで行なわれているために、良いケア実践とは何かを一般的に叙述することすら難しいということであった。しかし、トロントは、この個別にみえる状況が、いかに社会的に構築されてきたのかを再考することが、フェミニズム理論の課題であるという。そして、ケア実践の只中で現れてくる〈わたし〉と他者のありようは、自律的な自己という前提や、知識や利害関心のあり方、そして、市場経済が要請する心性や活動様式に対して、異議申し立てをしているのだと、トロントは受け止める。

こうして、フェミニストとしてのケア実践をめぐる課題が設定され、九三年に公刊した『道徳の諸境界』のなかで、トロントは自身の問題提起に応えようとするのだった。

道徳をめぐる三つの境界線

第一部では、そのタイトルにもあるように、道徳をめぐる三つの境界線が論じられる。第一の境界線は、道徳「と」政治のあいだに引かれている。政治を道徳の世界から切り分ける考え方は、現在の日本政治にもみられるように、政治は力と数にまかせ、およそ倫理に訴えることができない、といった政治の受け止め方にも象徴されている。第二の境界線は、すでに論じてきた、道徳全般を「道徳的視点」へと縮減させるために引かれ、さまざまな感情や愛着、状況判断などを排除する。第三の境界線とは、フェミニズム理論にとっては議論の中心であり、そして、民主主義を鍛え直すためにもさまざまな視点から批判され、再吟味されるべき、公的「と」私的のあいだに引かれている。

これらの境界線は、わたしたちの生活様式を強く規定している一方で、あくまでもこうした境界線は、人間が作り出したものであるかぎり、さまざまな視点から境界線について議論することも、変革していくことも可能である。そして、〈差異か、平等か〉といった議論もまた、こうした境界線をめぐる論争であり、女性という存在が、境界線の向こう側、すなわち社会の中心の外に留めおかれていたことから生まれた。つまり、〈差異か、平等か〉といった論争につねに女性たちが直面してしまう文脈をつくっているのが、こうした境界線なのだ。

ケア実践に注目することは、こうした諸境界がじっさいには社会的に構築されてきたことを明らかにする。トロントは、同書でケアに注目することの意義を、次のように語る。「他者の視点や利害、そしてその関心事は、理論家たちがそれらに気づかなかったとしたらそこから始めてしまったであろうスタート地点よりも、中心に置かれるべきである。[…] そして、ケアの倫理のもつ視点は、フェミニスト理論にとって重要なのだとわたしは信じている。なぜならば、ケア実践は、ケアや注視を必要としているひとの立場から出発することを要請するからである」[Tronto 1993: 19]。社会のなかでケアを必要としているひとたちの視点で、社会や政治、そしてわたしたちと他者とのつながり自体をも見直してみることを、ケアの倫理はなによりも要請するのだ。

もちろん、ケア実践から社会理論を構想することによって、フェミニストが直面するあらゆる問題が解決されるわけではない。むしろ、視野狭窄に陥ることもあるかもしれない。しかしなお、ケア実践に注目することは、権力を奪われた者たちがいかに、既存の権力を共有するかといった議論とは別様の、社会変革の道を示してくれる。わたしたちは、問い続けなければならないだろう。「なぜわたしたちの社会では、ケアすることという、人間にとって不可欠な活動が、これほどまでに受け止められず、理論化もされず、支援も受けられず、そして敬意を払われてこなかったのだろうか」と［ibid.: 19］。わたしたちの生活、社会、そしてわたし自身の存在をも支えてくれている／きたはずの、さまざまな活動や尽力がなぜ、そして誰の手によって、ここまで不可視化されてきたのだろうか。

近代社会の成立とケアの私事化

第二部は、フェミニズム理論の課題として、いかにケア実践が私事化されていくのかについて、つまり、ケア関係が示す人間観や社会観、そして道徳観は、個別的な状況にこそ相応しいと考えられる事態がどのように生じたのかが歴史的に把握される。彼女が注目するのは、一八世紀に西洋社会で生じた大きな変化であり、それは、社会構造、人びとの意識、そして道徳観が互いに絡まりあいながら、生のありようを劇的に転換させたのだった。一八世紀のヨーロッパでは、市場経済が発達し、それまでは経営体のひとつであった家族から労働が分離され、人びとが家族以外の人びととの交流を始めるようになる。そして、出版技術の発達や人びとが集うパブでの会話から、公共圏が形成されるようになる。経済活動の発達は、ひとびとの関心を自己利益へと向けると同時に、かれらの活動領域を広げ、それまで土地と結びついていた貴族や僧侶を中心とした政治的領域における関心に変化をもたらす。すなわち、新興の資産家たちを中心に、いかに市場を発展させるべきかといった関心が政治の中心を占めるようになる。

こうした「発展」の下で、人びとの行動が監視され、秩序が要請され、狂気、セクシュアリティなどへの関心の高まりによって、一人ひとりの行為が管理されてもいく。社会の急激な変化、人びとの交流の広がり、「政治的なるもの」の意味の劇的な変化のなかで、本章「２　ケアの倫理から、ケアの理論へ」でみたように、いかなる状況に置かれたひとにも妥当な行為規範を掲げる「道徳的観点」が信頼を置けるものとして登場したのだった。

一八世紀まで（貴族の）徳と政治が結びついていた公的領域は、一八世紀後半になると、資本や自己利益の拡大によって発展をめざす資産家たちの経済活動と、逸脱した行為を監視することで秩序を保とうとする行政国家へと変化しつつあった。一方では、資本がどんどんと拡大し、人びとは文字通り流動化する。しかし他方でなお、公的領域において失われつつある徳や、感情や情念を育み陶冶する場が必要であり、変動する社会の流れから人びとが身を引き、疲れた体を休め、自らの存在を確かめなければならなかった。家族はそうした領域として一八世紀に新たに発見され、そして、それまでの家長を中心とした経済的な活動の場であった世帯は、私秘的で親密な家族へと変貌していく。そのさい、女性たちの活動の場として、そうした家族が発見されることになる。いや、もっと正確にいえば、女性たちは、公的な領域から法的に、時に暴力を伴う強制力によって排除され、家族のなかへと文字通り「封じ込め」られたのだった。そして、女性を感情に結びつける連想は、こうした大きな歴史的な転換のプロセスのなかで生まれた。

5　ケアと政治理論

政治分析としてのケア

ケアの倫理を、こうした広い道徳理論の歴史的文脈のなかに置いてみると、ケアの倫理が女性的なのかどうかを専ら議論するのではなく、一八世紀を境に西洋社会におきた、女性に対する家庭への「封じ込め」と「道徳的視点」の登場との同時進行がもっていた政治的意味を再吟味する必要性が見えてくる。ケアの倫理が偏狭で、あまりに文脈依存的な感情を重視しているために、普遍的な正義の倫理よりも「劣った」もののようにみえるのは、あるいは、劣ってはいなくとも、公的な領域における正義の倫理を補完する、補正するもののようにみえるのは、道徳をそのようにしか捉えようとしない境界線が確固として存在しているからである。

そうした道徳理論における公私の境界線は、次のような複雑な働きをしている。一方でこの境界線は、女性をはじめとした一部の者たちに、公的領域では価値がないとされる活動を押しつけつつ、そうした活動を通じ否応なく影響を受ける／身につけていく、彼女たちの人格や道徳性を、公的領域に相応しくないとさらに貶める。他方でそれは、公的領域の中心にすでにいる者たちの権力を維持し、その道徳性や判断力を高く評価し、かれらの特権を守る役割を果たしてきた。ケアという概念が、政治理論としての批判力を発揮するのは、まさにこの地点である。

わたしたちが、権力関係を暴露しようとケア概念を使用するとき、ケアは批判的な政治分析のための道具になるのだ。ケアは、わたしたちに批判的な立場を提供してくれ、そこから、いかに効果的にケア活動のプロセスがニーズをみたしているのかを吟味することができる［ibid: 172-173］。

では、ケアという視点は、権力や財の不当な配分、わたしたちの考え方にまで根づく確固たる不平等――あまりに深くわたしたちの世界認識に浸透しているため、不平等としては認識さえできない――を変革することができるのであろうか。こうした課題に対して、ケアを政治の中心にというトロントの提案は、素朴に聞こえるかもしれない。「わたしたちがケアを、現在の周辺的な位置づけから、人間生活の中心の周りにその場を動かすならば、この世界は違ってみえてくるだろう」［ibid.: 101. 強調は原文］。しかし、単純にみえるかもしれないこの問題提起は、再度繰り返すが、〈自律か、依存か〉といった二元論的な考え方に囚われた政治理論を、人間の本性を相互依存性にみる政治理論へと転換し、さらには、「わたしたちの現在の道徳理論と政治理論が、権力や特権をめぐる不平等をいかに維持し、わたしたちの社会においてケアする仕事を現在引き受けている「他者」をいかに貶めてきたのかに気づく」といった［ibid.］、政治学の根本的な転換をも要請していることは、強調しすぎることはないであろう。そして、この大きな転換は、どのようにして可能となるのだろうかといった問題にまた、わたしたちは立ち返ることになる。

ケアを中心に据えると見えてくる構造的不平等

問いの出発点は、次のようになろう。じっさいわたしたちの活動の多くは、自己への配慮、他者への気遣い、身体を介する直接的な他者へのケアであったり、環境や社会制度への関心や活動を含む、ケア実践に関わっている。それにもかかわらず、なぜ、現在「ケア」というと、他の活動よりも価値が劣り、社会の周辺に位置し、できることなら市民が果たさなくてよい、あるいは、ケア活動に携わる者は二級市民か、そもそも市民でさえない者たちが果たせばよいものと考えられているのだろうか。

こうして、本章「3　ケア活動への注視」で論じたように、ケア実践をまえに立ち止まることは、わたしたちの社会が何に価値をおいているのかを明らかにし、他方で、社会的な評価を与えないどころか時にその価値を貶めながらも、誰かが担わないといけないとされる活動が存在し、そして実際にその活動を担っているひとがいることに気づかされるのである。すなわち、社会全体を分析するさい、いったいどのような価値基準で、どのような活動をめぐって社会が構造化されているのかといった、社会をみる重要な視点を、ケア活動に注視することからわたしたちは学ぶのである。トロントがいうケアの理論、すなわち、ケア実践を歴史・社会のなかで総体的に捉えようとする理論は、現在ケア労働とされている活動も、社会の中心に据えられている生産・経済活動や、集団の意志決定をめぐる政治活動と、互いに影響しあい、人びとの行動や意識を左右し、いずれも切り離して考えられないことを示してくれるだろう。たとえばある政策を分析するさい、そこに財の不平等な配分をみるだけでなく、まさに誰が配慮され、誰のニーズが不可視化されているかといった視点は、ますます重要になってくる。

じっさい、アメリカ社会でケア実践がジェンダー化されているだけでなく、いかに人種化され、階級化されているかをみれば、すなわち、そもそも家庭内で担われるべき活動を補助し、あるいは肩代わりする形で社会化されたケア労働を誰が担っているかを考察するとき、権力と財の不平等が浮かび上がってくる。トロントが提案するケア実践への注視は、こうして「人種、階級、ジェンダー、そしてケアとの関係が、何か根深いものであることに気づかせてくれる」［ibid: 114］。

このように考えてみると、公私二元論は、「ケア」と認識される活動を中心に、実際にケアを行なう者とケアの受け手と、そうした実践に直接関わることはない——関わらなくてもよい——が、ケア活動の価値づけや社会におけるケアの位置を決定できる立場にあるものとを分け、固定化する境界設定の役割を果たしていることに気づかされる。わたしたちの内部にまで浸透するこうした公私二元論の役割とはしたがって、ケアを中心に、不平等や格差が構築されていることを見えなくしてしまうことである。そして、ここにおいて、既存の政治、既存の社会の中心が、特権的に、ケア活動に関心がなく、担わなくてもよく、〈自分が知ったことではない Who Cares?〉と誰かにケアを押しつけておくことのできる者たちの無責任さに覆われていることに、否応なくわたしたちは気づくことになる。

特権的な無責任を終わらせる

いまのわたしたちの社会は、こうした「特権的な無責任さ」によって維持されている。いや、もっと正確にいえば、その無責任さのつけを、ケア活動を担わされるひとたちが支払わせられている。「ケア活動に対するある者たちのニーズは、他の者たちのニーズよりもずっと完全に充たされている。そして、この格差パターンは、社会における権力配分にしたがっている。いったいどうすれば、相対的に権力ある者たちが、自分たちのニーズを最も重要なものとして定義し、より生活に困っているひとびとの関心を軽視し続けることを止めることができるのだろうか」[ibid.: 146]。そして、なによりも、ケア活動のなかで示される、他者への注視や配慮、責任、そうした配慮に対する応答といった、他者に端緒をおく感性のあり方や態度、人間観を、もっと多くの人びとが評価するためには、何が必要なのだろうか。わたしたち自身が、ケアに満ちた、そしてじっさいに民主主義の名に恥じないよう、あらゆる人びとのニーズをケアする民主主義を見いだし、実践していくしかない、それがトロントの答えである。

6　新しい民主主義論――無責任な特権者から、ケアを必要とする平等な者たちへ

シティズンシップと「ナニー問題」

第2章ではここまで、約四〇年前、合衆国のフェミニストたちが陥った〈差異か、平等か〉といったディレンマに触発され、そして、「フェミニストの悪夢」に悩まされたトロントの思想の歩みをみてきた。九〇年代以降、じっさいに合衆国ではその悪夢は正夢になり、ケアとジェンダー、人種、階級といった連関に、シティズンシップも加わることになる。というのも、欧米では――男女平等がより実現されていると理想視されがちな北欧諸国でも――、家庭におけるケアだけでなく、看護や介護が

外国人労働者によって担われるようになるからだ。一九九九年、『ニューヨーク・タイムズ』の読者から次のような小噺が届く。

ダニエル・スラップ（３歳）は、窓越しに裏庭を眺めていて、それぞれに大きさの違う四匹の鹿に気づいた。「ねえ、見て、鹿さんの家族。お父さん、お母さん、赤ちゃん、そして、ベビー・シッターだよ」［Tronto 2002: 34］。

トロントは、第二波フェミニズムは専門職に女性が就くことの障壁を取り払ったことの成果を認めつつも、この逸話に現れる状態を招いたことの責任をフェミニストとして引き受ける。彼女は、両親ともに専門職に就き高収入を得ながら、移民の女性たちに――ほとんど場合、最低賃金ぎりぎりで――育児と家事労働をまかせていることの道徳性を、フェミニズムの立場から批判するのだ。社会の富裕層が、自分の子どものケアに対するニーズを満たすために、家事労働者を雇うことは、その雇用関係にある者だけでなく、社会全体にとって不正を働く結果になるとして、彼女はそれを「ナニー問題」と名づける。そして、現代のフェミニストが、「シスターフッド」を掲げる限り、家事労働者の雇用に不可避の不正や、「善き母親業」というイデオロギーの再生をめぐり、社会正義の問題として「ナニー問題」に取り組むべきだと提唱する。「もしひとが、他者に危害を与えることによって直接に利益を得るならば、それは不正である」という点に、正義の要点があるとすれば［ibid.: 46］、フェミニストは今まで以上に「ナニー問題」に深刻に取り組まなければならないはずである。

二一世紀に入るとトロントは、ワシントン大学において開催された「女性とシティズンシップ」会議の報告をもとに、「市民の仕事としてのケア――控えめな提案」を二〇〇五年に公刊する。本論文では、これまでの自身のケア理論に基づき、ケア実践を、シティズンシップの基盤のひとつと考えるべきだと提唱する。

もはや、あるべき市民像を兵士に求め、女性は兵士の母としてのみ国民としての価値を与えられるといったことはなくなったとはいえ、いまだ、労働者――もはや男女を問わない――として経済的に自立し、政府に頼ることなく家族の世話をしっかりとする健常者が、市民の理想像を形作っている［cf. 岡野 2009］。かつてないほどに、経済的自立、自身の市場価値を高める自己責任が、市民としての責任であるかのように喧伝されるなかで、ではいったい〈ケアするのは誰か Who Cares?〉と問われなければならない。そして、そもそも市民であることから排除されている者たちに、誰がケアを押しつけているのかと問うことは、地球大の喫緊の課題である。それは、包括性を特徴として展開してきたシティズンシップ論を、むしろ、排除の論理として捉え返す契機ともなっている［Tronto 2005: 138］。

ケアの危機と民主主義の危機

ケアの危機、ケア不足といった現状を、ケア活動、ケアの担い手、ケアの受け手、そして、そうしたケアを配分する権力をもつ者たちを包括的に分析することを通じて、ケアの危機を克服するために、政治学に何ができるのか。こうした問題意識を通じて、ケアの危機を克服するためには、民主主義を活性化させせなければならず、そのためには、他者への注視や責任、自他の違いに謙虚になることといった態度や道徳性を要請する実践としてのケアから、政治を見直さなければならない。こうして、ケアを民主的な議論の場に開き／ケアによって民主主義を開くためにも、ケア実践に公的な価値を見いださなければならないと論じる、『ケアする民主主義――市場、平等、正義』が公刊される。

『ケアする民主主義』は、本章でも論じてきたトロントによるケア論の集大成である。そこでの議論の要点は、第1章「ケアするのは誰か？」が平易に論じているところだが、本章を締めくくるにあたって、民主主義論としてのケア理論が、どのような新たな視点を民主主義論に提示しているのか、そして、ケア実践を私的領域に押し留めようとする特権的な無責任者を支えている政治の「常識」とはなにかを抽出し、第3章への布石としよう。

まず、なぜケアと民主主義なのか。本章で論じてきたように、ケア活動はわたしたちの誰もが関わる活動であり、ケアを中心とする関係性は、〈わたし〉を形成すると同時に、〈わたし〉と他者との関係性をも大きく規定してきた。したがって、みなが関わり、みなに影響を与える事象を、より平等にさまざまな視点から広く議論し、（グローバル）社会全体のなかでのケア活動の位置づけを、一人ひとりの――ここには、ケア関係にある外国人も入るだろう――声を平等に扱うプロセス、すなわち民主的な手続きのなかで決定していくことは、なによりも重要である。誰もが平等に扱われるべきとする近代民主主義の理念は、ケアの理論の目的であるだけでない。平等という理念は、ケア活動そのものが民主的な実践であるためにも目指すべき目的でもある。古代ギリシャでは奴隷が、二〇世紀前半までは、二級市民である女性たちが、そして今や、市民から排除された外国人が担わされ始めたケア活動を、民主的な実践へと変革しなければならない。トロントは、以下のように、これまでの自身のケア論をまとめる。

> 民主的な政治は、ケアに対する責任配分を中心に据えるべきであり、かつ、民主的な市民が、そうした責任の割り当てにできる限り参加できるよう保障するための、責任配分を核にすべきである［Tronto 2013: 30. 強調は原文］。

これまでの民主主義論は、民主主義を構想する出発点にすでに、自己利益とは何かを理解する、対等な市民が、すなわち異なる利害や立場を超えて、議論のためのルールを尊重しうる成人が民主的な社会の構成員であることを前提としてきてしまった。さらには／そのために、民主社会にとっての重要な議題とは何かが、男性成人市民の関心の下で、すでにつねに決定されてきた／いることに、根本的な批判を投げかけることが困難であった。

ケアする民主主義の出発点は、これまでの民主主義論が前提としてきた人間観を変革し、つねにすでに依存関係に巻き込まれ、他者に依存するがゆえに傷つきやすく、誰もがケアの受け手となり、誰かがケアを提供しなければならない、わたしたちの現実である。わたしたちは、誰もが「平等に、必要に迫られた市民」である。すなわち、誰もがケアを受け取る者であるという点で、平等なのだ［ibid.: 28-29］。こうしたケアをめぐる現実を反映できていないかぎり、民主主義とは名ばかりで、じっさいに、そこで論じられたことや決定されたことは、特権的な無責任者の間での取り決めに過ぎない。どのニーズを誰が、どのように充たすかについての決定は、極めて政治的である［ibid.: 48-49］。それ以上に、そうしたケア活動が、それを取り囲む諸制度やケア活動を担わない者たちが作り出した文脈のなかで行なわれていることを注視するならば、社会におけるケアの担われ方は、まさに、市民の活動を左右すると同時に、何が市民としての活動なのか、そして、わたしたち全てが構成しているはずの政治の中心課題とは何かをも決定している。

誰がケアしていないのか？

政治的課題からは程遠いと考えられてきたケアを、政治課題の中心にすえるべきという提案を、トロントは「フェミニスト的なケアの民主的倫理」と言い換える［ibid.: 29-37］。それは、現在のケア実践の担われ方を通じて、権力の不平等な配置を察知し、政治における重要な概念を読み替えていく民主的な取り組みである。では、具体的に、現在のケア関係のあり方が、どのように特権的な無責任を支えているのかを考えてみよう。

なぜ、ケアをめぐる実践は、〈女らしい〉活動となお――じっさいに、男性も担うにせよ――、捉えられているのか。「男性は、気遣わない don't care。なぜなら［…］、かれらは、別の二つの形で社会に貢献しているので、わたしたちが通常、ケアする責任と考えているものをしなくてよい「免罪符」を与えられているからだ」[ibid.: 70]。その二つの活動とは、保護 protection と生産 production である。両者の概念ともに、トロントは歴史を遡りながら考察しているが、ここでは、保護についてみてみよう。

保護とはそもそも、ある政治体が危機に陥ることや、内外における敵対者から市民を守ることを意味している。それは、古代ギリシャにおいて明白に位置づけられていたように、つねに市民の責任で果たすべき役割であった。第1章におけるケアの定義、「世界を維持し、継続させ、修復する」というトロントらの広義の意味における「ケア」からすれば、ケアといいうるが、繰り返しみてきたように、それらは現在、ケア実践とはみなされない「ケア」である。そして、合衆国では、人種・階級・性別といった障壁を越えるための階層上昇のための一職業としてみなされるようになったものの、いまなお、保護を担う代表だとみなされる軍隊は、男らしい任務の代表のようにみなされている。しかしトロントは、保護が軍事力を伴う活動だと連想される以前には、もう少し広範な意味があり、ポリス――「内政」と訳される――から派生してきたと論じる。じっさい、合衆国憲法には、「ポリス・パワー」という州が担う統治権限が規定されている。それらは、市民の健康、安全、福祉、さらには道徳の向上に関する州に与えられた権能を意味しており、市民の福祉・幸福を向上させるために、市民の私的な活動を規制することのできる範囲はどこまでかが、憲法上問題とされてきた。

ここでトロントが注目するのは、こうした権限が登場してくるさいの、家族とのアナロジーである。すなわち、世帯内で、妻や子どもの利害・幸福を代表していた家父長の役割が、一八世紀にポリス・パワーへと拡張された。しかし、その後、ポリスの意味は、著しく限定的となり、軍事的で、男らしさの象徴となり、議論の余地なく公的に遂行されるものとなった。ケアの民主的倫理の視点から、こうした保護をめぐる歴史的変遷は何を意味するのだろうか。もっといえば、とりわけ軍事行動をケアとみなさないことで、何が民主的な考察から見えなくなっているのだろうか［ibid.: 75］。

そもそも、軍事力によって、誰のニーズが充たされようとしているのか。誰がケアされるのか、ケアの受け手の声に応えた実践なのか、そのニーズは充たされているのか、実践のプロセスのなかで試行錯誤されているのか。そしてなにより、ケア提供者は、他者から得た知識、他者を気遣う態度、他者のニーズを自分のニーズのように理解しない謙虚さを身につけているのか。そもそも、ケアの観点からすれば、軍事力の本質である暴力は、受け入れることができないのではないか。

ケア実践からある活動を分離することは、本来であれば民主的に、公的に——公平に公開で——議論しあうべき論点を、皮肉にも隠してしまう。最も政治的であるはずの安全保障が最も民主主義と相容れないのはなぜか、そして、その事態が民主的な政体のなかでなぜ許容されるのか。ケアの民主的な倫理からは、こうした大きな問いがなされると同時に、ケア実践をしなくともよい免罪符を手に入れることが、いかに具体的な他者への配慮を欠いた無責任な活動を生み出すことになるのかと、問い返されるのだ。

ケアの民主化、民主主義のケア化

わたしたちが、政治の中心、経済活動の中心にいる者たちは、ケア実践をしなくてよい、という「常識」に固執するかぎり、ケア実践は民主化されない。また、民主主義じたいが、特権的な無責任によって支えられている現状も変わらない。では、「民主的な政治は、ケアに対する責任配分を中心に据えるべき」というトロントの変革はどこから始めればよいのだろうか。「この課題は、既存の制度や実践にまかせてはおけない」問題であり、むしろ、「民主的な市民すべてが、ケア提供に関わり、ケアを必要としている。この共にケアすることが、政治的な関心事であり、政治をつうじて解決される必要のある関心事なのだ」[ibid.: 140]。もちろん、それは、自己意識の変革だけに終わるわけではなく、じっさいにはわたしたちの現状を強固に構造化している、特権的な無責任こそを終わらせるという革命的とも呼べるような、大きな変革が必要だ。

しかし、いまわたしたちにまずできることは、保護や生産をめぐって、それらに従事することがケア実践の免除にもならないし、また、これらの活動もまたケア実践のひとつだと捉えなおすことによって、トロントが第1章で細かに分析したケアの五つの局面から、それぞれの活動が十分にケアに満ちているかどうかという再検証がなされるべきである。そしてなにより、民主主義をケアに満ちたものへと変革するためには、繰り返しになるが、ケア実践をなによりも私的なもの、家族で賄うことが原則とするわたしたちの強い信念を変えることから取り組まなければならない。それは、不可能な変革なのだろうか。トロントが言うように、事実わたしたちは誰もが、誰かのケアを享受し、おそらく、権力の中枢に近い者たちは、そうでない者たち以上のケアを受けてきた。おそらく現在もなお、かれら／彼女たちのニーズは、社会全体によって最もよく充たされている。ケア活動は、自己責任があたかも責任論のスタンダードになったいまでも、誰かによって、どこかで担われ続けている。そしてなによりも、（過去の）ケア実践は――それが、どのような影響を与えているとしても――、わたしたちのなかにもたしかに息づいているのだ。〈ケアするのは誰か？〉、その答えは、わたしたちのなかにある。

〈注〉

（1）一九六三年、発売直後に一〇〇万部を超えるベストセラーとなった『女性らしさの神話』――邦題は『新しい女の創造』――を出版し［フリーダン 2004］、第二波フェミニズム運動の先駆けとなったベティ・フリーダンが初代会長を務め、一九六六年に設立された合衆国の女性全国組織。現在でも会員五〇万人を誇るその活発な活動を、そのＨＰから知ることができる。https://now.org/

（2）https://r.ow.org/about/history/statement-of-purpose/　［最終閲覧二〇二〇年八月］。

（3）彼女の悪夢は、第6節にて論じるように、現実のものとなってしまう。この問題についての、彼女の直接の応答は、［Tronto 2002］にて論じられる。

（4）かれが道徳性の発達を図るために開発した仮想上のディレンマは、「ハインツのディレンマ」として知られ、次のように問いかける。〈ハインツさんには、重篤の病を患う妻がおり、かれが住む町の薬屋には、かれの妻の病を治す薬があります。しかし、ハインツさんはその薬を買うだけのお金がありません。ハインツさんは薬を盗むべきか否か〉。このディレンマに応える思考方法を吟味することで、コールバーグは、道徳的発達を前慣習的・慣習的・脱慣習的の三レヴェルに分け、それぞれのレヴェルにさらに二つの段階を設定した。脱慣習的レヴェルでは、第五段階において法を固定的に考えることなく、むしろひとびとがその道徳意識にしたがって社会契約的に約束したものと知っている段階であり、最終段階である第六段階では、みずからの良心にしたがい、あらゆる人びとの立場を見渡したうえでの合理性を追求するものである。

（5）『もうひとつの声』にいかなる批判が向けられたのかについては、［岡野 2012: 第二章］を参照。

（6）たとえば、ギリガン自身以下のように説明している。「わたしがこの本のなかで記述している異なる声は、ジェンダーではなく、それが語るテーマによって特徴づけられています。たしかに、女性とその声とのつながりは、経験的な観察によるものであり、その声がどのように発達していくのかは、女性たちの声を通じて、追跡されます。しかし、女性と異なる声との関係は絶対的なものではないですし、男性と女性の声を比較するのは、男女についての一般化をするためではなく、むしろ、二つの思考様式の違いに光をあて、その思考をめぐる解釈の問題に焦点を当てるためなのです」［Gilligan 1982: 2/ xii-xiii］。

（7）たとえば、ギリガンがインタビューを通じて聞き取った、女性たちのディレンマから次のように分析することにも、当時の多くの女性たちが共感したことが推察される。「他者にたいする責任と、自己発達とのあいだで感じ取る緊張をほぐす道を模索しつつ、彼女たちはみな、家族関係のなかで自己の統合性と家族に尽くそうという気持ちとのせめぎあいから引き起こされるディレンマを語っています。この三人の女性たちは、選択に困難を抱えていて、その困難が、ひとを傷つけまいとする彼女たち自身の望みからやってくるのだと考えています」［Gilligan 1982: 138/245］。

（8）直後の議論において、より詳しく、こうした産みの母への母親業への押しつけを、社会的文脈のなかで批判するために、ここではあえて、母のケアが語られている。

〈参考文献〉

Gilligan, Carol 1998 “Remembering Larry,” *Journal of Moral Education*, Vol. 27, No. 2.: 125-140.

——1982 *In a Different Voice: Psychological Theory and Women's Development* (Harvard: Harvard University Press). 岩男寿美子監訳『もうひとつの声——男女の道徳観のちがいと女性のアイデンティティ』（川島書店、一九八六年）。

Tronto, Joan C. 2014 “Moral Boundaries After Twenty Years,” in *Moral Boundaries Redrawn: The Significance of Joan Tronto's Argument for Political Theory, Professional Ethics, and Care as Practice*, eds., by Gert Olthuis, Helen Kohlen, Jorma Heier (Leuven: Peeters).

——2013 *Caring Democracy: Markets, Equality, and Justice* (New York: New York University Press).

——2005 “Care as the Work of Citizens: A Modest Proposal,” in *Women and Citizenship*, ed. by Marilyn Friedman (Oxford: Oxford University Press).

——2002 “The “Nanny” Question in Feminism,” *Hypatia*, Vol. 17, No. 2 (Spring).

——1995 (=1989) “Women and Caring: What Can Feminists Learn About Morality from Caring,” in *Justice and Care: Essential Readings in Feminist Ethics* , ed. by Virginia Held (Boulder and Oxford: Westview Press).

——1993 *Moral Boundaries: A Political Argument for an Ethics of Care* (New York, London: Routledge).

——1987 “Beyond Gender Difference to a Theory of Care,” *Sings: Journal of Women in Culture and Society*, Vol. 12, No. 4（1987 Summer): 644-663.

オーキン、スーザン・モラー 2010（=1979）田林葉・重森臣広訳『政治思想のなかの女——その西洋的伝統』（晃洋書房）。

岡野八代 2012『フェミニズムの政治学——ケアの倫理をグローバル社会へ』（みすず書房）。

——2009『シティズンシップの政治学——国民・国家主義批判〈増補版〉』（白澤社）。

コールバーグ、レバイン、ヒューアー 1992（=1983）片瀬一男・高橋征仁訳『道徳性の発達段階——コールバーグ理論をめぐる論争への回答』（新曜社）。

フリーダン、ベティ 2004（= 1963）三浦冨美子訳『新しい女性の創造 改訂版』（大和書房）。

第3章

ケアの倫理から、民主主義を再起動するために

To Restart Democracy with Ethics of Care

by Yayo Okano

1　フォルブルの寓話——競争とケア

本書ではここまで、トロントが提起した問い、「ケアするのは誰か?」をめぐって、第1章では、トロント自身の講演録でその主張を確認し、第2章では、トロントが本講演をなすまでの研究の経緯をたどってきた。最終章では、トロントの議論をさらに、日本の社会的・政治的文脈に位置づけ直し、トロントが唱える「フェミニスト的なケアの民主的倫理 a feminist democratic ethic of care」によって、わたしたちの民主主義を再起動させるための理路をさぐってみたい。

そのために、『ケアする民主主義』においてトロントが見いだした、この「フェミニスト的なケアの民主的倫理」とは、どのような倫理観なのかを、ここでは、トロント同様、ケアの倫理を重視するその他のフェミニストの議論にも言及しながら、さらに理解することを試みたい。なぜなら、ケアをめぐってもさまざまな定義がありうることは、すでに見てきたところだが、それ以上に、フェミニズムや民主主義については多様な定義があり、わたしたちには共通した理解が存在しないからだ。ここでは、フェミニズムや民主主義をめぐる多様な議論を概観することはできないが、本書がどのようなフェミニズム論、民主主義論に拠って立っているのかを、明らかにしよう。そのうえで、フェミニスト的なケアの民主的倫理を梃子にして、わたしたちの政治の未来を描いてみたい。

ここで理解のための一歩を踏み出すために、ナンシー・フォルブルが創作した寓話を紹介しよう。(1)未来とは、文字通りには、現在にいたっても未だ到来していないものを意味するが、時間的に到来していないだけでなく、現にありながら、わたしたちの今には見えていないものも含んでいる。わたしたちが同じ方向だけを向いていれば、いくら時間が経とうとも、見えないものは見えないままであり、未来は到来しない。寓話は、過去の話を想起させる形で、わたしたちがこれまで目を向けてこなかったものへと目を向けさせてくれる。想像力は、なにもないところからは湧いてこないだろう。そこで、現に今、存在している／実践されているはずなのに、気づいていないだけかもしれない、といった蓋然性から、現実へと近づくことで、想像力を喚起してみよう。その寓話は、次のように始まる。

むかしむかし、何人かのとても力のある女神たちが、世界中の国々のあいだで、一種のオリンピックのような競技を開催することに決めました。彼女たちは、一定の時間内に、集団で最も遠くへと走る collectively run the greatest distance ことができた国の、すべての者に対して、健康と財産という素晴らしい賞を与えることにしました。これは、予め距離を決め、最も短時間で走りきった者を勝者とする通常の競争ではありませんでした。むしろそれは、どの社会が、ひとつのチームとして行動し、その構成員全員を前進させることができるかを測るものでした。[Folbre 2001: 22]

ここでは、オリンピックに模されているため、競技の主体が「国民」となっているが、フォルブルの主旨からは、むしろ社会の全構成員と読むべきだろう。

こうして寓話は始まり、競技に参加する各国の上空に、大きなスコアボードが備えられ、構成員が一人あたり、どれくらいの距離を進んだかが示される。この競技のみそは、女神たちはこの競技がいつ終わるのかを、参加者には教えていないことで、各国は、競技がいつ終わるのかを推測するしかなかった。

走れる者は、全力で走れ

A国では、競技時間を短くみつもり、指導者たちは、すべての市民に、できるだけ早く走り始めることを命じる。当然、子どもたち、高齢者はすぐに走ることをやめ、トップを走る者たちは、彼女たち／かれらを助けるために立ち止まることすらしなかった。こうして、A国全体としては、脱落する者が続出し、速度を落としていく。もちろん、当初勝利を確信して全力で走り続けた健常者たちも、疲弊し、あるいは病にかかり、続々と道に倒れていく。ところが、後ろを振り返っても、代わりの走者は誰もいない。やがて、かれらは、競争に負けることを確信する。

走れる者だけが走る、という戦略は、能力ある者が、そうでない者たちの分まで距離を稼ぐようにみえながら、多くの者を自分のことだけを考える思考に導き、自分で動けないひとと、動けないひとに寄り添いケアするひとを、そのチームから脱落させてしまう。しかも、A国の指導者たちの指令に最もよく応えたかにみえる、先頭を切って走っていたひとたちと、はるか後方でずっと立ち止まっていたかのようなひとたちは、競争が終わったあと、それぞれ互いをどのように振り返るのだろうか。

性別分業

Ｂ国は、別の戦略をたて、すべての若い健康な男性を走者として選び出し、トップランナーとした。ただ、少し遅れて、子どもたちや、病人、高齢者、そして、手当てが必要となった走者をケアするために、あらゆる女性たちを併走させる。指導者は、こうした分業は自然で、みなに利益となる効率的な編成だと女性たちに説明する。さらに、男性には、早く走らせるために、女性に対する権威と支配権力が報酬として与えられた。しばらくして、女性たちは、もし、彼女たちが男性にはない責任を負わされていないならば、男性と同じように走れることに気づき始める。そして、彼女たちが担っている、多くの人びとへのケアという働きは、走ることそれ自体と、どこからみても同じように重要で、したがって、女性は、男性と同じ権利を与えられるべきだと主張する。しかし、男性たちは、「かれらの脳は、走ることのストレスで、うまく働かなくなっていたのかもしれない」が［ibid.: 23］、女性たちの主張は馬鹿げていると退けてしまう。〈支配権力という報酬もなく、どうして走れることができるか〉と。女性たちは、男性たちの態度にあきれ、ストライキに入る。こうして、Ｂ国もまた、競技を続けることができなくなる。

共にケアする／ケアと共に

C国は、スタート当初は、うさぎと競争する亀のような動きだったが、ゆっくりと、しかし着実に前進した。A、B両国と異なり、全構成員に、走ることと、走れなくなった者のケアが命じられた。男女ともに、できるだけ早く走ることが命じられるが、同様に、ケアの負担も担わないといけない。ケアは重い負担だったが、そうした負担と共に走ることで、徐々にひとは、早く走ることができるようになるだけでなく、強くもなった。みながケアを負担することで得られる自由と平等は、構成員のあいだに連帯感も作り出した。こうして、競技の勝利は、C国にもたらされたのだった［ibid. 22-23］。

ケア実践から社会を見る

フォルブルの寓話は、結果についてどのように考えるにせよ、わたしたちが社会や国家を考えるさいの、重要な振り返りを促してくれる。この寓話を通じて、わたしたちの社会がどのように構成されているのか、そして、政治を現在任されている権力者たちが、どのように、誰にむかってその権力を発動させるかについて、思いをめぐらせることができよう。たしかに一見すると、女神たちの競技は、「より早く、走ること」にあるかのようだ。しかし、この寓話は、国家に限定することはないだろうが、それでも一定の政治共同体におけるあらゆる構成員が、長期間——その終わりは誰にも知らされない——走るためには、どこに目を向けるべきかを考えさせてくれる。この短い寓話では、あくまで主人公は走者のようにも読めるが、わたしたちはさらに想像力を働かせることができるだろう。

走ることのできない者を担ぐひと、それぞれの体調に合わせて、食事を作るひと、調理された食事を運び、時に誰かに食べさせてあげるひと、汚れ物を洗うひと、疲れを癒すための音楽を奏でたり、物語を語るひと、ゴミを処理するひと、病気や怪我を治すひと。前進することをやめたいひとは、そもそも走らなくてよいのかもしれない。幼い子どもたちには、前進よりも娯楽が必要かもしれない。こうして、寓話から少しづつ、わたしたちの社会や国家を見渡していくとき、いかに、多くのケアが重なったり、連なったりしながら、社会を支えているかが見えてくるだろう。

政治における過去と未来

他方で、トロントが、現在の民主主義がしっかりと機能していないようにみえるのは、なによりも、「わたしたちが現在「政治」と考えているものが、誤っているから」と述べていたことを思い出してみてもよいかもしれない［本書第1章、一三頁］。寓話の教訓は、とても単純なものだ。つまり、短期的な戦略は、けっして、長期にわたる成功を約束しない、と。しかし、わたしたちの政治は、目先の利益だけを追い求めていないだろうか。一定の領土に、生れたばかりの子から高齢者、その他数えきれない多様な人びとが暮らしているのだから、政治には長期的な展望が欠かせない。それは、国家の成長や富のため、ではない。そうではなく、国家を構成している誰もが、まったくの無力で、偶然保護をしてくれる誰かの下に生れ落ち、その誰かに世話をされたり、教育を受けることで、ようやく成人し、社会の中枢で働くことができる者もいれば、周辺に位置づけられる者もおり、さまざまな経験を積みながら、また衰えていく、といった、長く、予測もつかない人生を送るからである。

さらにいえば、わたしたちが生涯のうちに経験する心身の変化に加え、とりわけ災害大国ともいえる日本では、近年毎年のように大きな被害をもたらす台風だけでなく、大地震の危険性につねに備え、また福島原発事故にみられるように、天災から人災へと連なる大規模災害という、わたしたちが生きる環境の変化にも、つねに向き合って生きなければならないからだ。目の前の緊急事態に対処するためには、長期的な計画の下での備えもいるだろうし、そうした状況のなかでケアする人びとを支える、しっかりとした制度やインフラを備えておかなければならない。そのため、わたしたちは、過去に学び、未来に過ちを繰り返さないように、いま現在を大切に過ごすべきなのだ。こうした観点からすると、未来とは、過去において〈そうすべきだったのに、なさなかったこと〉の集積であるともいえる。その当時には、未だ到来しなかったよりよい対処やケアのあり方が、現在から過去を省みることで、未来にむけた備えとして現在にようやくもたらされる。過去に眼を閉ざすことは、現在に眼を曇らせることだといわれるのは、こうした意味である。

ケアを注視することは、わたしたちの誰もが、予期することができない変化のなかで、多くのひとや制度、そして自然を含めた環境と関わりながら生きているという生の事実を、政治と結びつけてくれる。では、このわたしたちの生から出発する――そして、決して離れることのない――、「フェミニスト的なケアの民主的倫理」は、民主主義をどのように再起動させることができるだろうか。

2　フェミニズムにおける平等とは――ケア実践を社会に導入する

男性支配とケア供給

ここではまず、フェミニズムとは何か、とりわけ、ケアの倫理に政治的な含意を読み取ってきた研究者がどのようにフェミニズムを定義しているのかを、彼女たちの平等概念から考えてみよう。もちろん、現在フェミニズムといっても、多様な主義主張があり、現在では、男女間の社会的位置づけから生じる差別や不利益だけでなく、人種や国籍、性的指向性、身体的特徴など、社会的影響を受けるさまざまな属性が絡み合って、個人の生き難さを生み出している状況を精緻に分析するようになっている。こうした多様なフェミニズムを前にして、平等をいかに考えるかで、フェミニズムの主義を大別することができる。というのも、フェミニズムに共通の関心とは、多様な環境におかれ、その利害関心や、核となるアイデンティティに違いがみられるとしてもなお、女性であるという属性が被る社会的な地位の不平等の在り処をつきとめ、不平等な社会を改変することであり、したがって、いかに不平等を理解するか、そして、それを克服するためにはどのように闘うかといった点で、フェミニズム内に違いが生じるからだ。さらに、そうした平等の理念が民主主義論と密接に関わっていることは、次節において詳細に論じよう。

すでに第2章で確認したように、トロントやその他のフェミニストたちを大いに悩ませた〈差異か、平等か〉という問題は、男女の不平等や性差別以外の困難を生きるマイノリティにとっても大きな困難を強いてきた。ここで再度、フォルブルの寓話を例に考えてみよう。B国の指令に対して、わたしたちは、どのような反応をすべきなのだろうか。興味深いのは、健康な男性にのみ走ることを命じたB国は、他方で、その命令が聞き入れられるために、同時に女性たちに対しても、走ることに適わない者たちのケアを命じているということだ。自然の名の下で、そうした役割を当初は受け入れていたものの、しばらくすると、ケアを担う責任さえなければ男性と同じだけ走る能力があると考えた女性たちは、自分たちも同じように走る権利があると主張する。そのさい、彼女たちも、その他のケア実践を担う者たちに対する権威や支配権力を望んだのだろうか。たとえ、そうでなくても、走ることを権利と主張した者たちのなかに、走ることは自らの実力・実績のように感じる一方で、依存する者たちへのケアを「負担」と感じた者がいたことは確かだろう。なぜ彼女たちにとって、ケアを担うことは、文字通り足かせのように感じられ、走らされることは、強制的な苦役とは感じなかったのだろうか。いやおそらく、走ることを命じられた男性たちのなかで、そう感じる者もいたであろう。だからこそ、男性たちには、走る代償として女性を支配できる、といった動機が必要とされたのだった。もちろんここで、走る権利を主張する者のなかには、ケアを担うことをあきらめることなく、自分たちも走りたいのだと主張した者もいただろうこと、そして走ることを強制された男性のなかにも、走るよりもケアを選びたかった者もいなかったわけではないだろうことも、付け加えておかなければならないのだが。

フォルブルの寓話を注意深く読む必要があるのは、世帯内だけでなく、社会において男性に特権を与える——同時に、女性に忍従や負担を強いる——家父長制、あるいはより一般的に男性支配は、じっさいにどのような機能を果たしているかをも表しているからである。「家父長制は、単に、男性を特権化するための手段であっただけではない。それはまた、ケアをめぐる供給の適切なひとつのあり方を確保するための手段でもあった」[ibid.: 20. 強調は引用者]。差別や抑圧は、たしかに権力や富を収奪する・集中させるための手段である。しかし、ケア実践に注視するフェミニストたちは、そこに、ケア供給のための手段をみているのだ。たしかに、男性が担う活動——トロントの言葉でいえば、保護と生産——を中心に、それ以外の活動を、男性中心の社会以外の領域へと押しつける形でのケア供給は、ある程度成功を収めたひとつの社会編成のあり方であった。しかし、同時にそれは、社会の周辺でケアを担う者たちを抑圧し、差別を強いた、もうひとつの社会の形でもある。したがって、ケア実践から平等を構想しようとするならば、女性にも同等の権利や富を、といった主張はできない。たとえば、フォルブルも参照する、もうひとりのケア倫理学者であるヴァージニア・ヘルドも[2]、平等について、かつて次のように論じた[Held 1993]。

参政権を獲得後の女性たちの解放運動や権利運動は、それでもなお、彼女たちを取り囲むさまざまなバリア——企業におけるガラスの天井、大学が女性には完全に開かれていないこと——が存在している理由を、社会における女性たちに対する規範、すなわち、女性がいかに生きるべきか、といった強い社会的なプレッシャーにみいだした。すなわち、女性はひとりの男性と結婚し、かれと暖かな家庭を築き、維持し、夫や子どもの世話をすることに幸せを感じなければならないという、女性自身をも縛る規範である。したがって、七〇年代以降、合衆国では、女性たちがなぜ、平等を手にすることができないのかを検討し、結果、セクシュアリティをめぐるダブル・スタンダードなど女性の個人生活や家族内での不平等な性別分業を改善するために、平等という概念を家庭内にも適用しようとした。その結果、家庭内での平等な家事分担を実現できた女性たちもいた。そして、女性たちは平等なパートナーとして尊重してくれる相手を、より求めるようにもなった。しかし、それは、わたしたちの生活の隅々にまで浸透する、女性のセクシュアリティや労働の搾取を許容する社会全体を改善するには、とうてい届かない、個人間の交渉にすぎない［ibid.: 160-162］。なによりも、たとえば育児といった、大人と幼児との不平等な関係のなかで行なわれるケア関係が、あたかも社会の外部に存在し、親密なカップルの個人的な関係のなかに閉じられていることがもつ、政治的意味を問い返すことには繋がらない。

ヘルドによれば、既存の公私二元論に囚われたわたしたちは、あたかも、自分にとって何が最善の利益かを判断でき、その利益を達成するために合理的に行動できる個人と、そうした個人が互いに自己利益を追求しあう公的領域と、諸個人が競い合うその公的領域において生じる軋轢を解決するための普遍的で公正なルール（＝正義の原理）から社会が成立しているかのように思いがちである。そして、こうした公私二元論の「外部」に、利他的で自己犠牲をいとわない「母親」を中心とする家族があるかのように考えている。しかし、わたしたちの社会は、他者のニーズに応えながら自身を気遣ったり、いったんは自己利益の追求を脇においても、なお、深刻な危害に陥らないようにと他者をケアするといった活動に溢れている。そうした活動を中心に社会をみるならば、公私二元論の「外部」に家族があるどころか、むしろ、家族や友人関係、その他のさまざまなケアのネットワークが存在し、うまく機能しているがゆえに、利己的な自己実現に没頭するひとや、そうした人びとが交渉したり、紛争を解決したりする市場や司法といった領域もまた、存在できているようにみえてこないだろうか。

ケアを政治に導入する

ヘルドは、トロント同様に、とくに能力や属性の違いが顕著である者たちの集まりである家族におけるケア関係——依存する者とケアする者といった非対称的な関係——が、他者の「ニーズに対する注視、感受性、応答性」を育む点で［Held 2006: 39］、家族に閉じられることなく、むしろ、法や政治といったより広い世界にまで浸透すべきだと考えている。いうまでもないが、ケアの倫理は、現在の家族関係を当然視し、そこでのあらゆる実践が社会の規範となるべきだといっているのではない。現実に暴力が胚胎するような家族を理想化することは、厳に慎むべきであることはいうまでもない。むしろ、逆に、「注視、感受性、応答性」といった価値を、ケア関係のなかから抽出したうえで、そうした価値に導かれる関係性をいかに構築できるのか、既存の関係性をどのように、そうした価値に近づけるために変革していけるのかを考えようとするのだ。「家族や友人関係といった文脈におけるケア関係の価値を、いったんはより個人的なものと捉え、その後、ケアの倫理は、こうした価値に照らしてしばしば、社会や政治の諸制度を検討する。より発展した形において、フェミニストの倫理としてのケアの倫理は、根本的な社会の変革のための提言をなす」［ibid.: 12］。その提言とは、既存の社会における女性たちに平等を唱えるだけではない——それも、重要なフェミニズム運動の一面ではある——。むしろ、フェミニストの倫理としてのケアの倫理は、ケア実践のなかで見いだされる価値、その重要性や道徳的な含意をわたしたちに伝えるさまざまな経験に、同等な考慮を示すべき、価値を見いだすべきだという意味での平等を訴える［ibid.］。

すると、「集団で最も遠くへと走る collectively run the greatest distance こと」と設定された女神たちの競技は、異なる競技にみえてこないだろうか。「みなで走れ collectively run」という号令は、「みなで、隅々の事柄まで営め run the greatest distance」という、自分たちにとって最も遠く隔たったひとたちにも思いを向けよという声に聞こえてこないだろうか。わたしたちの社会や政治が、一人ひとり異なりを抱えながらも、ひとと取り結ばれるケア関係のなかで、その潜在的な可能性のいくばくかを開花させながら成長し、そして衰えていくわたしたちの生を、少しでもより良く営むために存在しているとしよう。そうであるならば、そうしたわたしたちの生の根幹に関わるケア関係はなぜ、わたしが専心するに値しないもの（＝私利私欲の外）、しかも、その価値をその他の活動と切り離しつつ、その価値が貶められるような活動としてしか認められていないのだろうか。ケアの倫理を重視するフェミニストたちは、したがって、現在社会の主流として認められている領域や活動に女性たちが参入すること——は、現時点ではたしかに、大切だと認めつつ——よりも、むしろ、社会の周縁に留めおかれたかにみえる諸活動や諸領域に、平等な社会的価値を認めるように訴える。そのなかでも、とくに、ひとが育まれる・育む、労《いた》わられる・労《いた》わるといった、心身をめぐるニーズ充足の関係性における実践こそが、政治の最大関心事のひとつとなることによってもたらされる平等を訴える。

ケアからみる平等の在り処

ケアの倫理から、フェミニストにとっての平等の訴えとはどうあるべきかを模索したエヴァ・キテイもまた、次のように、〈差異か、平等か〉に悩まされるフェミニズムの課題設定の変更を迫った。

> 依存労働は女性に差異を付与するかもしれない。しかし、わたしたちが議論すべきなのは、ある差異が望ましいものか不利なものかということではない。依存者のケアという仕事が望ましいと考えられようと考えられまいと、また、有利と考えられようと不利と考えられようと、それは誰かによってなされなければならない仕事だということである。女性が依存者のケアをすることで、差異として特徴づけられるかどうかを問うよりはむしろ、依存労働をすることがそれをする人を平等の範疇から排除するかどうか、もしそうであれば、この排除を終わらせるために、私たちがやるべきことは何かを問う必要がある［Kittay 1999: 16/ 55. 強調は引用者］。

キテイは、既存の平等論が、他者からのケアがなければ生存が危ぶまれる脆弱な存在（依存者）に対するケア労働という、「最も根源的な仕事とその周囲にできる関係性の形態」を無視してきたことを批判する。それなしには社会が成立し得ない、キテイが根源的と呼ぶ依存労働に着目するのでなければ、フェミニストたちの手から平等は逃げていくのだ［Kittay 1999: 38/ 95］。

たとえば日本でも、男女雇用機会均等法が制定された一九八五年は、皮肉にも「女性の貧困元年」と呼ばれることがある［藤原 2009］。男女にとっての雇用機会を平等にみせかけながら、じっさいに政府が行なったことは、サラリーマンの被扶養配偶者、すなわち専業主婦を第三号被保険者として強制的に国民年金制度に適用し、妻に一定程度以上の収入を稼がないように自制させる選択肢を与え、母子世帯への児童扶養手当を大幅に削減し、労働者派遣法を改正し、非正規で働く女性たちを大幅に増やしたことだった。(3) 経済成長を終えた日本は、それまで企業が負担してきた社会福祉を、従来以上に家庭――女性たち――に負担させる政策をとったのだった。したがって、一部の女性たちは男並みに働けるチャンスを手に入れたのに対して、多くの女性たちにとって、雇用機会の均等は、皮肉なことに、男女の役割を固定化し、妻の地位を優遇する政策に他ならなかった。大沢真理によれば、「均等法は家父長制的な企業中心社会にぴったり適合する」ものでしかなかった［大沢 2020 : 242］。

女性がなぜ経済的に、男性に依存するのか、あるいは他の女性たちはなぜ、一部の女性たちに比べて低い地位にあり、社会的にも抑圧されているようにみえるのか。トロントと同じようにキテイもまた、集団をめぐる不平等には、かならず依存問題が存在すると考える。こうしてキテイは、すでに社会の中心にいる者たち――多くは男性――との平等を唱えることをやめる。そうではなく、平等の要請とは、ケアをめぐる関係性のあり方が、網の目のようにその他の依存関係――賃労働者も雇用者に依存し、雇用者もまた市場に依存している――へとつながっていることを明らかにしながら、どの依存関係が社会において弱い立場に置かれるかを問い、その不平等を改善していくことなのである［ibid.: 307-310］。

3　フェミニズムにおける民主主義とは——育児を中心に

民主主義の危機

現代ほど、民主主義とは何かが問われている時代もないだろう。「訳者まえがき」でも触れたが、本書の第1章が、二〇一三年に創設された民主主義賞を受賞したトロントの講演録であることからも察せられるように、いま民主主義を再生させるためのさまざまな活動に注目が集まっているということは、わたしたちの民主主義が、いかに世界各地で破綻をきたし、そのことによって、政治権力と市民の日常生活、あるいは、政治的とされるイシューと市民の関心事がかけ離れたものとなってしまっているかということの証左でもある。市民と政治との隔絶は、日本社会に生きるわたしたちもまた経験していることである。「政治的であること」とは何を意味するのだろうかと、わたしたち自身が問いかける機会や場は、現在ほとんど存在しないし、日々の生活で精いっぱいで、なかなかそんな時間もとれない。とりわけ日本においては、投票率の低さにも表れているように、政治に関心がない、あるいは、議会には期待しない、政治は遠くのことで、理解するのも難しそうと思う層が年々増加しているようにみえる。いや、それ以上に深刻なのは、コロナ禍で日本政府が打ち出す政策に対する著名人や市民からの批判の声に、〈政治的な発言をするな〉とばかりに反発するひとさえいることだろう。大きな政治の動きが、市民の日々の生活に直結していることを痛感したとき、ひとり一人の市民にできることは、何だろうか。

トロント自身も言及するように、国会や外交、あるいは官僚の世界に代表されてしまっているかのような「大文字の政治」と、日々わたしたちの日常生活を規定する、ゴミの収集の在り方や公共交通や公共施設の運営の在り方、日常における家族との関係、職場の労働環境や人間関係、そして身近な保育・教育の運営をめぐっても働いている権力関係である「小文字の政治」といった、さまざまな「政治」に取り囲まれていることを、どう理解したらよいのか。そしてなによりも、「大文字の政治」と「小文字の政治」は、民主主義社会を生きるわたしたちにとって、どのような関係にあるのだろうか、あるいは、どのような関係にあるべきなのだろうか。こうした多くの、そして重要な問いが政治をめぐっては存在するにもかかわらず、現代社会に生きるわたしたちは、立ち止まって考える時間と機会を、じつは現在の政治の在り方そのものによって奪われてしまっているのではないだろうか。

女性を拘束してきた政治

女性に対する抑圧や差別と闘うために、社会的地位における平等を求めるフェミニストたちにとって、女性たちが長く政治的権利を剥奪されてきた状況は、なによりも打破されるべきだったことはいうまでもないだろう。彼女たちにとって「大文字の政治」は――皮肉なことに、といっても言い過ぎではないだろう――、政治的権利を剥奪されている間は、他人事のように感じられるどころか、彼女たちが身をもって経験していたことであった。なぜならば、その政治こそが、彼女たちのセクシュアリティに介入し（妻の不貞や堕胎は刑法上の犯罪であった）、就ける職業を厳しく制限し、教育内容から、人付き合い（労働争議や政治集会から排除されていた）までをも決定づけていたからだ。

　したがって、女性の経験を振り返れば、政治こそが、彼女たちの幸せとは何かを決定し、〈女らしさ〉から外れた者にはどのような社会的制裁がまっているかを常に示すことで脅し、女性たちを心身ともに拘束してきた。すなわち、政治は、女性の心身そのものをも形作るほどの、身近でありつつ、絶大な力をふるっていたことがわかる。だからこそ、心の中にまで侵入するかのような政治の領域に、女性たちが参加し、その声をあげることは、彼女たちの生を自分たちの手に取り戻すために決定的に重要だった。そしてまた、繰り返すまでもないが、そうした政治によって拘束され――ると同時に、育まれもし――た女性性は、私的領域とされた家族に縛られ、家長の支配のもとでのみ生を許されてきたのだ。

民主主義の基本原理、自由と平等

　民主主義は、政治思想史的に振り返ってみれば、政治という考え方が生まれた古代ギリシアの都市国家であるアテネの経験から生まれた、とても古い政治の営み方のひとつであり、文字通り「民衆《デモス》の支配《クラティア》」を意味していた。したがって、原語に忠実であろうとするならば、民主主義は、なんらかの強い理念《イデア》に導かれる主義主張《イデオロギー》というよりも、むしろ、統治のあり方、しくみであり、民主政と訳すべきかもしれない。しかし、翻訳としては民主主義が定着していることに加え、日本では歴史的に、とりわけ戦前の天皇制や軍国主義に対する抵抗の含意もあり、強い規範性を帯びていることから、ここでは民主主義と民主政を併用することにする。

なんらかの強い原理に導かれていないとはいえ、集団で生活する人びとの共同体全体に関わる事柄の決定権を誰がもつかは、どのようにその決定する者たちを選ぶのかを含めて、その共同体の特徴を大きく左右する。そのなかで、民主政は、政治の営み方としては、民衆であるすべての者が等しく、全体に関わることを議論し、決定する政体を意味している。それは、優れたひとの支配である貴族政《アリストクラシー》や、ひとりの者が決定をくだす君主政《モナーキー》と異なり、社会の構成員を等しく決定に参加できる者として扱う点から、すぐれて平等な制度である。したがって、民主政は、その政治の外に高次の原理があるというよりも、その営み方に平等という原理が内在しているといえよう。とはいえ、誰を社会の構成員と考えるのかによって、その平等が限られた者にしか適用されなかったことは、注意しておく必要があるだろう。そもそも古代ギリシアにおいて女性は、獣と人間の中間に位置し、奴隷と同じカテゴリーに属していると考えられていたことも、周知の歴史である。そして、女性が平等の範疇から排除されるという人類の歴史は、二〇世紀に入るまで続くことになる。

こうして民主主義の基本原則が平等にあることに注目されると、現代において重要視されるもうひとつの理念、すなわち個人の自由や、個人の自由を政治的に保障されるべき理念と考える自由主義と、あたかも対立的に捉えられるようになる。とくに、市場における自由な経済活動こそが人間社会にとって価値あることのように捉えられ、社会における経済格差が広がり深刻化し、経済的に優位にある者たちが、圧力団体や政党への献金を通じてその影響力を政治に強く及ぼすようになると、いっそう自由主義と民主主義が対立するように考えられるようになる。

しかし、近代民主主義の祖とも呼ばれるジャン＝ジャック・ルソーに立ち戻るなら、民主主義の原点に、わたしたち一人ひとりが生まれながらにして自由である、といった理念が存在することが分かる。ここでは、ルソー自身が女性一般に対してもっていた強い偏見（先入見）については触れることはしないが[4]、かれが、フランス革命直前に再発見する民主主義は、〈生まれながらにして自由であるすべてのひとが、共同体のなかで法に従いつつ、いかにすれば、なお自由であり続けられるか〉という問いに対する、唯一の解答だったのだ。なぜなら、民主主義の原則は、〈あらゆる者にかかわることは、それに関わるすべてのひとが、その決定に等しく関わる〉であり、だからこそみなが従わなければならない法を、その同じ人びとが制定するのであれば、ひとは自分にのみ従っているに他ならず、誰の支配下にもないはずだからだ。したがって、ルソー以後、政治学において論じられるさまざまな民主主義論は、代議制の下で国民の代表を議会に送り出し、立法する間接民主主義が制度として確立されていくなかで、いかにより良くさまざまな市民の声を反映させることができるかを問う代表の問題と、政治的議論をより良い結果へと導くための議論のあり方を問う熟議の問題といった、手続き的な議論が中心を占めるようになる。

ケア労働者の民主政からの排除――公私二元論

家事や育児・介護を担うべきだと政治的に規定されていた女性たちの経験からすれば、どのような形であれ、原則として普遍的な参政権を掲げる民主主義は、自分たちの生を拘束する政治からの解放を約束してくれると同時に、自分たちのニーズを政治に届け、強固にみえる公私二元論とそれを支える価値観を変革するための、おそらく最善の制度なのだ。では、まさに公私二元論によって貶められたケア実践への注視によって、その価値や社会的意義を見いだし、公私二元論そのものの政治的構築性を問おうとするケアの倫理から、民主主義は、どのように捉え返されるだろうか。

民主主義の下でも社会の（中心的な）構成員から排除されてきた歴史をもつ女性たちにとって、誰が社会の構成員なのか、そもそも平等とは誰の間の平等なのか、といった民主主義の根幹を問うことは、それ自体が極めて民主的な問いかけであった。すでにキテイの言葉にみたように、そして、トロントもケア労働の多くを外国人労働者に頼ろうとする政策に対して批判的に論じたように、そもそも平等の範疇から、多くのケア労働者は排除されてきた／いるのではないか。社会の構成員すべての平等といいながら、どこかで平等に値する者を選別しているのでないか、と。

こうした問いはさらに、今後、看護や介護だけでなく、家内労働をも移民労働に頼ろうとしている日本社会においては、次のようになるだろう。なぜ、ケアに関わる労働を、日本において、法律や政策に対する決定権から完全に排除されがちな外国人に任せようとするのだろうか、と。それはそもそも、ケアに関わる労働を担ってきた者たちには発言権を与えないという、ケア労働者への蔑視を表しているのではないか。あるいは、ケアに関わる労働くらい、誰に任せても同じとその労働そのものを見下しているのではないか。

ケアに関わる労働は、こうして民主政の構成員とはそもそも誰か、といった問いとも関わり、すでに幾度も触れてきた公私二元論に対する批判へとつながっていく。古代の民主主義が、〈あらゆる者にかかわる事象は、それに関わる者すべてのひとが決める〉という原理を表しており――その現代版は、〈自分のことは、自分で決める〉nothing about us without us であろう――、近代の民主主義は、〈ひとは生まれながらに自由である〉、という強い規範に支えられている。いずれにせよ、民主主義の原理に素直に従うならば、誰もが関わる、いや、正確にいえば、誰もがその受け手であるケアをめぐるさまざまな決定こそ、民主的な政体において、あらゆる者に発言の機会が与えられ、ケアをめぐってさまざまな立場にある者たちの声、とりわけ受け手たちの声がしっかりと聞き取られ、受け止められ、熟議の対象とならなければならないはずだ。しかし、それを阻んでいるのが、政治的な議論に値する課題と、そうでない個人的でささいな、〈女・子ども〉の話題として一蹴されるような議論とを分け隔てる、公私二元論である。

〈家事責任を果たすのは女性〉という前提

たとえば、現在でも、育児は、まずは産みの母親が担うべきであって、その他の、家事や子育て、重篤でないかぎり病気の家族の世話も、介護保険制度導入以後若干の変化があったとはいえ、なおも高齢者の介護でさえ、家族が中心的に関わることが日本では期待されている。いや、それだけでなく、そうした家族、主に母親や女性の家族内での役割分担を前提として、税制度、社会福祉制度、そして企業社会が成り立っている［大沢 2020］。

なによりも、社会の諸制度、暮らしの隅々、そしてわたしたちの意識にまで影響を与える法律を決定する機関である国会という場が、すでにそうした前提を疑わなくなっている。日本においてなぜこれほど、地方政治から国政レヴェルまで、女性議員が少ないのか。その原因の一端は、日本社会に根深く浸透してしまっている、家族責任、とくに女性たちが果たすべきとされている家事責任をめぐる前提にある。(5) 多くの女性たちは、たとえ自分たちの暮らしのなかで経験するさまざまな矛盾をより広く社会に訴えるために、議員になろうとしても、まずは、家族の理解を得、家庭内の活動に支障が出ないことを確かめてからしか、選挙への立候補すら適わない。

しかし、あたかも、政治以前に決まってしまっているかのような、家庭内での女性の責任は、いつ、どこで決まったのだろうか。政治参加を阻む、〈まずは家事責任を女性は果たすべき〉、という規範は、いつ誰が決めたのだろう。わたしたちは、こうした公私を隔てる境界線をあたかも自然のように、あるいは、文化伝統のように捉え、この境界線が果たしている重大な政治的な効果（＝ケアの効率的な供給）について、考えなくなっている。実際には文字通り体を張って政治社会を支えている、家事や育児が政治以前の問題であるかのような構造がいつできあがってしまったのか。この問いに答えるために、保育制度が日本で誕生した近代初頭、すなわち明治期の初めには、どのような議論がなされていたのかに触れてみよう。

家庭育児の模範として創始された幼稚園

日本では、近世・江戸時代の階級社会から、急速な中央集権的な近代化が進められるなかで、全国統一の教育制度が確立し、それと平行して幼児の保育制度も欧米から輸入される。内務省管轄の救済制度として一九三〇年に発展し始める保育所に先んじて、一八八〇年代にはすでに、幼児教育を担う幼稚園が大都市を中心に生まれ、一九四〇年代初頭には二〇〇〇園が、二二三万人もの園児を受け入れ、五歳児の就園率は約一〇％にも上っていた［太田・浅井（編）2012: 12-13］。では、幼稚園は、そもそも家族が担っていた幼児教育が外部化された結果、誕生したのであろうか。当時の政策、そして幼児教育関係者の論争をみると、事態はまったくの逆である。近代化に伴い欧米から幼児教育が輸入された、という点からも容易に想像がつくことだが、幼稚園は「近代的な育児のモデルとして家庭教育への貢献が期待され」導入されたのだった［ibid.: 63］。

たとえば、一八九一年の「幼稚園保育及設備規則」では、「家庭を補う幼稚園」という理念が示される。文字通り読めば、幼児教育の基本は家庭にあり、それを補う幼稚園と理解できるが、内実は、母親が中心的に育児を担うことを規範とする、近代的な家庭教育を創出するために、家庭の母親たちの模範となるために幼児教育・保育の考え方が輸入されたのだった。つまり、近代化を推し進める目標として日本が富国強兵を掲げるなかで、それと平行して目されたのが、女性を近代化に相応しい家庭内の教育者にすること、すなわち良妻賢母教育であった。つまり、まず幼児教育の模範としての幼稚園が創設され、保母になれるほどの能力を母親たちに期待し、女子教育が良妻賢母を理想として広く提供された結果、幼児の教育の基本は家庭といった規範が作られたのである。しかし、「もともと家庭教育の模範としての幼稚園という思想は、家庭が改良されれば幼稚園は無用になる」という含意があり［ibid.: 67］、育児の責任は母親にあるとする現在のわたしたちの意識に、少くない影響を与え続けている。

あらゆる子どもに保障される保育

また、託児を中心とする家族救済策として始まった保育所についても、たとえば日本国憲法制定時を少し詳しくみてみると、一九四七年児童福祉法制定時には、保育と教育を一体化して捉えるような視点、すなわち、いずれも公的に提供されるべきものとして捉える視点が存在していた。制定時の児童福祉法二四条は、「市町村長は、保護者の労働又は疾病等の事由により、その監護すべき乳児又は幼児の保育に欠けるところがあると認めるときは、その乳児又は幼児を保育所に入所させて保育しなければならない」とある。そして、この公的な保育提供義務をうけて誕生した保育所については、制定当時の児童福祉法三九条で、「保育所は、日々保護者の委託を受けて、その乳児または幼児を保育することを目的とする施設とする」とのみ述べており、注目すべきことに、そこには、「保育に欠ける」という文言は存在していなかった。すなわち、当時児童福祉法案の提案理由を述べた、一松定吉厚生大臣が説明したように、保育所は、当時、一般の子どもを対象とする施設であるという認識の下で、戦後日本でそのスタートを切ったのだった。また、現在の国際的な動向からみれば、公教育同様に保育もまた、公的に担われるべきで、あらゆる子どもに保障される権利として認識され始めている。

保育は、親の状況・都合に関わりなく、子どもの生きる力、なによりもその生存権が確保されるために必要なのだとすれば、わたしたちの現在の社会はどのように変わらなければならないだろうか(6)。誰もが、誰かの子どもとして生まれてくる限り、一人ひとりの状況や運に任せることなく、わたしたちの社会は、未来を担う子どもたちをいかに育て、その育みを社会のなかでどう位置づけるのかを、みなで考えていくべきだろう。そしてなによりも、こうした課題は、あらゆるひとに関わる問いである限り、政治がまずは直視すべき問いそのものではないのだろうか。

4　ケアの民主化と民主主義の再生――ポスト・コロナ禍の時代にむけて

ケアと政治は、いっけんするとほど遠い存在のようだ。たしかに、ケア関係は、力の非対称性を帯び、具体的な他者との緊密な関係性を要請し、ともすれば暴力を誘発する。しかし、だからこそ、ケア提供者と受け手は、互いに異なりを尊重し、提供者は受け手の反応を注視し、試行錯誤しつつ、変化に細やかに対応しながらも、緊急事態に備え、それなりの長期の展望をもって日々を過ごす。とすれば、一定の領土内のすべての――いうまでもなく、社会的地位や属性、身体能力や環境などさまざまな異なりを抱えた――ひとに影響を及ぼす決定にかかわる政治は、こうしたケア実践から学ぶことがあるはずだ。そもそも、ケアも政治もわたしたちすべてに関わる実践に他ならない。政治がみなに関わるからこそ、民主化されなければならない――あらゆるひとが声を挙げられる環境を！――とするならば、ケアもまた民主化されなければならないのではないか。そして、政治を真に民主化しようとするならば、ケア実践から異なりを抱えた人びとの尊重のあり方を学ぶだけでなく、ケアに関わるひとたちの声や要請にしっかりと応えられるしくみを備えなければならないのではないか。

二〇二〇年、わたしたちは、誰の、いかなる活動によって社会が支えられているのかを目の当りにした。新型コロナウィルス感染の世界的な広がりは、わたしたちがいかに、見ず知らずの人びとともつながりながら生活し、さまざまな働きが密接に結びつくことで、ようやく社会が動いていることを、否応なく気づかせてくれた。

本章のはじめに参照したフォルブルの寓話をもはや持ちだすまでもなく、新型コロナウィルスの蔓延によって、わたしたちが当然のように受け止めてきた、にもかかわらず、しっかりと社会的に評価することなく、あたかもグローバルな市場で多くの利益をもたらす経済活動の周辺、あるいはその外部であるように考えてきた活動こそが、じつはそうした経済活動を支えていることを思い知らされた。いや、経済活動がストップしてもなお、わたしたちが生きていくために、多くの活動は不可欠なのだ。いわゆるケア労働や介護・医療はいうまでもなく、ゴミの収集、食材の調達、運送業など、日々あまりに当然で、まさに政治の世界から遠ざけられていたかのようなわたしたちの日常が、多くの人びとの働きによって成り立っていることにこれほど気づかされたことはなかったのではないだろうか。

他方で、日本では、首相の独断と伝えられている二〇二〇年二月二七日に突然発表された小中高等学校の一斉休業の要請は、二〇二〇年東京オリンピック開催への固執と経済活動の偏重がもたらす社会認識の歪みとその暴力性を、臆面もなくさらけ出したといってよいだろう。それは、教育現場が、児童・生徒と教師といった圧倒的に不平等な関係性のなかにあり、だからこそ、一律の対応ではなく、個々の子どもたちの環境や能力に応じた教育や対応を迫られている、まさにケアの倫理が実践されるべき場であることをまったく無視した、一斉要請であった。そこに、最も声を挙げにくい子どもたち一人ひとりの学びや育ちへの配慮はいっさいなかった。おそらく、首相の頭のなかには、当然誰かが、学校の外で子どもたちの世話をするだろうという、安易な考えしかなかったのだろう。それは、いったい誰だったのだろうか *Who Cares?*。

日本もまた感染拡大が広がるなか、医療を支える看護師や医師、そして保育士のなかには、誰かのケアに支えられている子育て中の母親・父親が存在する。キテイはかつて、〈ケアする者もまた、ケアされるに値いする〉と、ケアがいかに、重層的に、あたかも入れ子状態になって連なりあっているかを指摘したが、多くのひとは、誰かを支えながら、誰かに支えてもらっているのだ。そして、往々にして、依存者に対する実際のケアを担ったことがない者たちは、意識することなく、一方的に誰かにケアされ続けている。トロントが、「特権的な無責任」と呼んだ地位を享受できる者たちが、自分たちが経験したことがないゆえに、いかにケア活動の内容も費やされる時間も労力も過小評価していることか。それどころか、あたかもそうした貴重な実践が存在しないかのように無視し得ているかを、日本社会に生きるわたしたちは目の当たりにしたのだった。

繰り返そう。ケア実践から導き出される倫理が、民主的であらねばならないのは、なによりも、ケア実践に直接関わる者たちの関係性が、そもそも能力や立場が大きく異なるがゆえに、ケアを受ける者たちが暴力にさらされたり、じっさい満たされるべきニーズが、ケアを提供する者や、そもそものニーズとは何かを決める者にきちんと伝わらない危険性が高まるからである。したがって、その関係性の内部では、ケア実践を通じて、より良いケアがなされているかが、ケアを受ける者の反応を注視しながら、なんども問い返されなければならない。そして、「大きな政治」は、そうした関係性のなかでは供給できない資源や、ケアする者たちのニーズを満たすために、ケアを受け取るひとの安全や福祉を配慮すると同時に、ケアする者たちの要望にも応えていくべきであろう。つねに、この社会は誰によってケアされているか、*Who Cares?*と問いながら、ケア実践という重責を担うことによって、政治的領域へのアクセスが途絶えてしまわないように、政治こそが、ケア実践にのりだすべきだ。

しかし、すでにいうまでもないだろうが、それは、「大きな政治」が、一方的にケア関係を支えることを意味しない。むしろ、いわゆる「大きな政治」をじっさいに支えているのは、ケア実践に直接かかわる者たち――ケアの受け手も与え手も――の良好な関係性である。そうした関係性を維持することが、個人の平等や自由を保障し、そしてなにより、誰もが生きるに値する、尊厳をもった存在であると、公的に認められた状況を確立するために存在する政治を支えている。

本書が公刊されるころには、二〇二〇年一月に国内で最初の感染者が確認されてからの日本政府の対応に対する検証や反省がなされているだろうか。それとも、いまだ、経済再生担当大臣が、日本社会を構成する一人ひとりの生存と福祉にかかわる事態であるにもかかわらず、ケア実践ですでにわたしたちが掴んでいるはずの価値や知識に耳を貸すことなく、経済こそが日本にとっての最重要課題であるかのように、指揮を取り続けているのだろうか。

本章の冒頭に述べたように、未来は、わたしたちが気づいていなかっただけで、現存しつづける事柄のなかにも宿っている。ケア実践とそこから導き出される価値観や態度にこそ、わたしたちの民主主義の未来を見いだそうと試みる時が、いままさに到来している。その可能性を活かせるかどうか。その可能性を掴むことが、わたしたち市民の責任であり、ケアの倫理がわたしたち一人ひとりに要請していることなのかもしれない。

〈注〉

（1）ナンシー・フォルブルは、フェミニズム経済学を牽引する合衆国のフェミニストのひとりで、一九七〇年代以降、ケア活動にかかわる経済分析を通じて、既存の経済学におけるホモ・エコノミクス（＝経済人）という前提や、経済学の学問対象を批判してきた。

（2）フォルブルが参照する、ヘルドの一文とは以下である。「家庭に市場の原理［自己利益や個人主義――引用者］を持ち込むのではなく、より広い社会に、母親業を担う個人と子どもたちに相応しい関係性を広げるべきである」［Folbre 2001: 20］。こうした議論は、単純な母性主義のように聞こえ、フェミニストからも批判を呼ぶことになるが、第2章でみたように、ケア実践のなかで見いだされる、公的領域にも相応しいと考えられる、危害を与えないこと、差異を尊重すること、他者に対する注視や責任といった価値や態度について彼女たちが論じていることは、幾度も繰り返し確認するべきであろう。

（3）一九八五年には、女性の非正規雇用者は三二・一％であったが、二〇一八年には五六・一％と増加した。

（4）ルソーの女性観については、［オーキン 2010］に詳しい。たとえば、オーキンはルソーがいかに家父長制を自然な制度とみなし、平等とはあくまで男性間の平等とみなしていたかを論じながら、次のルソーの言葉を引用している。「男女それぞれの義務は親密に平等に分割することはできない。男が課した不当な不平等について文句を言う女はまちがっている。この不平等は人間が作り出した制度ではない。あるいは、少なくともこれは偏見や理性が作り出したものではない。自然が子どもを託したのは男女のうち女なのだから、女は子どものために夫の要求に従わなければならない」［オーキン 2010: 80-90］。

（5）なぜ日本には女性議員が少ないかについては、［三浦（編）2016］参照。三浦まりは、列国議会同盟の調査結果を取り上げ、政治家になる阻害要因として、第一に家族責任、第二に、「女性の役割に対する世間の態度」というジェンダー・ステレオタイプ、そして第三に、家族からの支援の受けにくさを挙げている［ibid.: 33-34］。こうした阻害要因は、地方議会についても同様にみられる。そこでは、夫の理解の有無が重要な要因であることに変わりないが、さらに「地域内に張りめぐらされた親族ネットワークがさまざまな生活局面で機能している地域社会がなお多く存在する日本では、親族の影響力は時には夫のそれを越える」と指摘されている［ibid.: 310］。

（6）児童福祉法制定時からの変遷については、［若尾 2017］を参照。

〈参考文献〉

Folbre, Nancy 2001 *The Invisible Heart: Economics and Family Values* (NY: The New Press).

Held, Virginia 2006 *The Ethics of Care: Personal, Political, and Global* (Oxford: Oxford University Press).

——— 1993 "Feminist Interpretations of Liberty and Equality," in *Feminist Morality: Transforming Culture, Society, and Politics* (Chicago: University of Chicago Press).

Kittay, Eva 2001 "A Feminist Public Ethics of Care Meets the New Communitarian Family Policy" *Ethics*, vol.111, no.3 (April).

——— 1999 *Love's Labor: Essays on Women, Equality and Dependency* (NY: Routledge). 牟田和恵・岡野八代（監訳）『愛の労働あるいは依存とケアの正義論』（白澤社、二〇一〇年）。

オーキン、スーザン＝モラー 2010 田林葉・重森臣広訳『政治思想のなかの女——その西洋的伝統』（晃洋書房）。

大沢真理 2020『企業中心社会を超えて——現代日本を〈ジェンダー〉で読む』（岩波現代文庫）。

太田素子・浅井幸子（編）2012『保育と家庭教育の誕生　１８９０－１９３０』（藤原書店）。

藤原千沙 2009「貧困元年としての１９８５年——制度が生んだ女性の貧困」『女たちの21世紀』57号。

三浦まり（編）2016『日本の女性議員　どうすれば増えるのか』（朝日新聞出版）。

若尾典子 2017「子どもの人権としての「保育」——ケアと日本国憲法」『福祉教育開発センター紀要』14号。

《著者紹介》

ジョアン・C・トロント(Joan C. TRONTO)

1952年生まれ。ニューヨーク市立大学大学院およびハンターカレッジ政治学教授、ミネソタ大学政治学教授を経て、現在は両大学名誉教授。専門は、フェミニズム政治理論。

著書に、*Moral Boundaries: A Political Argument for an Ethic of Care* (Routledge, 1993), *Caring Democracy: Markets, Equality, and Justice* (New York: New York University Press, 2013) など。本書収録の *Who Cares? How to Reshape a Democratic Politics* は、ブラウン民主主義賞受賞記念講演録である。

岡野八代(おかの やよ)〔訳・著〕

1967年生まれ。同志社大学大学院グローバル・スタディーズ研究科教授。専攻は、西洋政治思想、フェミニズム理論。

主な著書に『シティズンシップの政治学――国民・国家主義批判〔増補版〕』(白澤社)、『フェミニズムの政治学――ケアの倫理をグローバル社会へ』(みすず書房)、『戦争に抗する――ケアの倫理と平和の構想』(岩波書店)。訳書にエヴァ・キティ『愛の労働あるいは依存とケアの正義論』(共監訳、白澤社)、アイリス・ヤング『正義への責任』(共訳、岩波書店)など。

ケアするのは誰《だれ》か？——新《あたら》しい民主主義《みんしゅしゅぎ》のかたちへ

2020年10月20日　第一版第一刷発行
2020年11月30日　第一版第二刷発行

著　者　ジョアン・C・トロント
訳・著者　岡野八代
発行者　吉田朋子
発　行　有限会社 白澤社《はくたくしゃ》
〒112-0014　東京都文京区関口1-29-6　松崎ビル2F
電話 03-5155-2615／FAX 03-5155-2616／E-mail：hakutaku@nifty.com
発　売　株式会社 現代書館
〒102-0072　東京都千代田区飯田橋3-2-5
電話 03-3221-1321㈹／FAX 03-3262-5906
装　幀　装丁屋 KICHIBE
印刷・製本　モリモト印刷株式会社
用　紙　株式会社市瀬

©Yayo OKANO, 2020, Printed in Japan. ISBN978-4-7684-7982-7
▷定価はカバーに表示してあります。
▷落丁、乱丁本はお取り替えいたします。
▷本書の無断複写複製は著作権法の例外を除き禁止されております。また、第三者による電子複製も一切認められておりません。
　但し、視覚障害その他の理由で本書を利用できない場合、営利目的を除き、録音図書、拡大写本、点字図書の製作を認めます。その際は事前に白澤社までご連絡ください。

白澤社《はくたくしゃ》 刊行図書のご案内

発行・白澤社　発売・現代書館

白澤社

白澤社の本は、全国の主要書店・オンライン書店でお求めいただけます。店頭に在庫がない場合でも書店にご注文いただければ取り寄せることができます。

〈フェミニズム的転回叢書〉

シティズンシップの政治学〔増補版〕

——国民・国家主義批判

岡野八代 著

定価2600円＋税
四六判並製304頁

過去のシティズンシップ論を批判的に再検討しながら、「平等で自由な人格」がよりよく尊重されるための新たな理念を構想する。最終章で展開される、いかなる者の視点をも排除しない可能性を秘めたフェミニズム・シティズンシップの議論につづき、ケアの倫理と新たな責任の理論を展開する新章を増補。

愛の労働あるいは依存とケアの正義論

エヴァ・キテイ 著／岡野八代・牟田和恵 監訳

定価4400円＋税
四六判上製448頁

子育て、介護など、主に女性たちが担ってきたケア労働。そのため女性は、社会的に不利な立場におかれがちだった。キテイは、重い知的障碍を持つ娘との生活を踏まえ、ロールズの『正義論』を大胆に批判しつつ、誰もが避けられないケアを包摂する、公正な社会への道しるべを提示する。キテイケア論の主著。

最小の結婚

——結婚をめぐる法と道徳

エリザベス・ブレイク 著／久保田裕之 監訳

定価4200円＋税
四六判上製、384頁

〈結婚〉を道徳的、政治的に徹底検証し、一夫一妻をはじめ、同性同士、複数の関係、友人関係、成人間のケア関係をも法の下に平等に認める「最小結婚」制度を提唱する。近年、注目されている同性婚問題や、フェミニズム・ケア論、クィア理論にかかわる、家族のあり方をめぐる議論に新たな一石を投じる書。